Fenêtre ouverte sur la science
LES METAUX

Robin Kerrod

ÉTUDES VIVANTES
Paris - Montréal

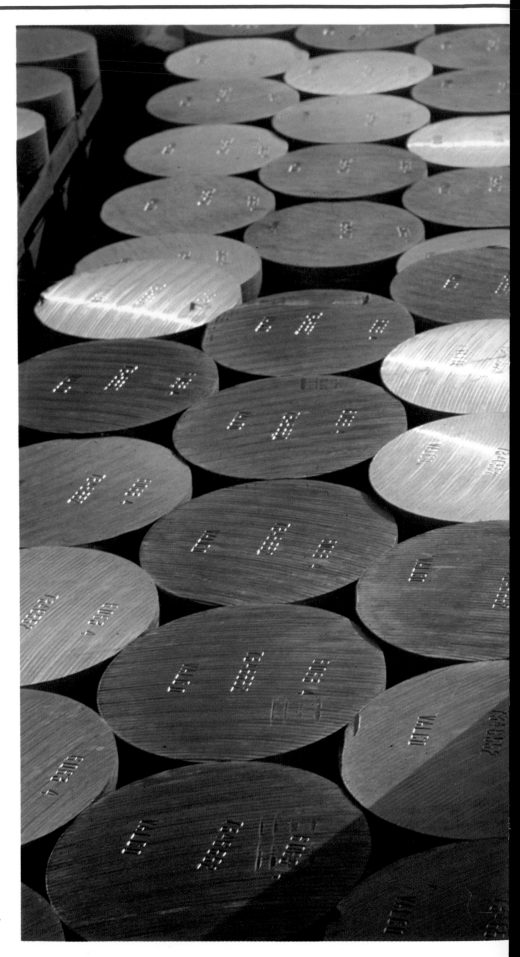

Couverture : Laser découpant de l'acier.
A droite : Billettes d'aluminium sur un quai.

Sommaire

Les caractéristiques

Le chrome est plaqué sur des métaux moins chers afin de les protéger de la corrosion. ▼

Les circuits imprimés : une utilisation moderne du cuivre. ▶

▲ Les ustensiles de cuisine en fonte sont très utilisés parce qu'ils conservent bien la chaleur.

▲ Le mercure, seul métal liquide à la température ambiante, est utilisé pour les thermomètres et les baromètres.

▲ L'aluminium est d'usage courant. Peu de métaux sont assez malléables pour former un film fin sans faiblesses structurelles.

La totalité de la matière de notre planète est constituée d'éléments chimiques, lesquels sont à leur tour constitués d'éléments plus petits, les atomes, et chaque atome consiste en un noyau central entouré d'électrons. Un centimètre cube de cuivre contient, par exemple :
80 000 000 000 000 000 000 000 atomes.

Comment définir les métaux ?

On trouve 92 éléments chimiques dans la nature, dont 70 sont des métaux. Au premier coup d'œil, il semble que les métaux soient des substances brillantes, dures, résistantes et très solides, qui servent à construire des machines, des ponts et des gratte-ciel, et toutes sortes d'outils.

Cela est vrai de l'acier et de l'aluminium, mais tous les métaux ne se présentent pas ainsi : le sodium, par exemple, est mou et faible, le mercure est liquide et le lithium flotte même sur l'eau. Or, tous trois sont classés parmi les métaux.

L'acier, l'aluminium, le sodium et le mercure possèdent certaines qualités communes. Ils ont une surface brillante et sont de bons conducteurs de chaleur et d'électricité. En règle générale, ces propriétés distinguent les métaux des autres éléments chimiques, globalement nommés "non-métaux", ou métalloïdes.

La définition du métal par son apparence et sa conductivité n'est pas entièrement satisfaisante, car il y a des exceptions ; ainsi, l'arsenic, un métalloïde, a l'air d'un métal, et le carbone est un bon conducteur d'électricité. Aussi le chimiste définit-il un métal d'une façon plus précise : c'est un élément chimique qui, en solution, libère des ions de charge électrique positive. Ces "ions positifs" sont des atomes qui ont perdu au moins l'un de leurs électrons. La seule exception à cette règle concerne un métalloïde, l'hydrogène.

La chimie des métaux est importante pour l'extraction d'un métal de son minerai et pour sa résistance à la corrosion chimique.

Leurs propriétés

Les métaux peuvent s'unir à d'autres éléments pour former une gamme de composés ou d'alliages. Chaque métal ou alliage possède des

des métaux

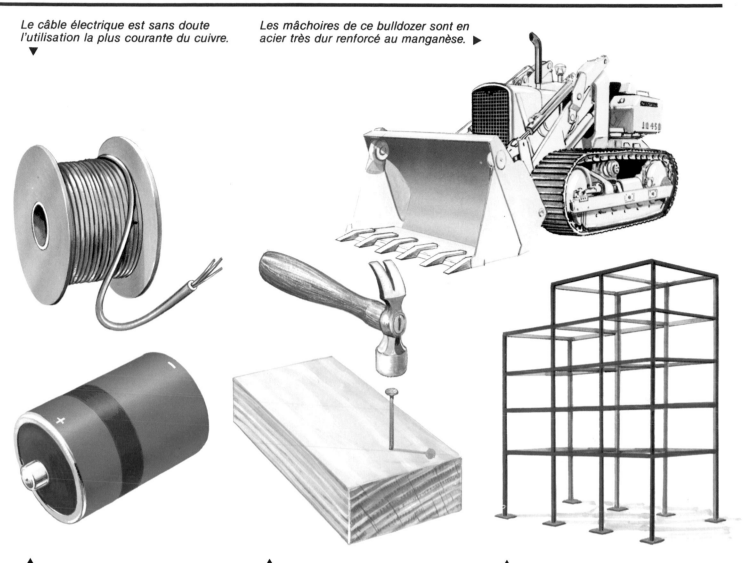

Le câble électrique est sans doute l'utilisation la plus courante du cuivre. ▼

Les mâchoires de ce bulldozer sont en acier très dur renforcé au manganèse. ▶

▲ Une batterie sèche est recouverte de zinc ; les bornes sont en laiton.

▲ Les marteaux ont souvent une tête en acier trempé.

▲ Les gratte-ciel se construisent à l'aide d'une ossature de poutres d'acier.

▲ Il faut laisser un espace entre les rails de chemin de fer pour permettre leur dilatation par forte chaleur.

propriétés spécifiques déterminantes pour son utilisation future.

Les métaux utilisés en construction doivent être solides pour supporter le poids des structures ; ceux destinés aux outils coupants doivent être très durs pour conserver leur tranchant.

Certains métaux solides et durs ne sont que peu utilisés, car ils se brisent facilement. Ils sont friables. La fonte est le métal friable trouvé le plus couramment. Cependant il existe de nombreux métaux faciles à travailler, qui peuvent être aisément façonnés, aplatis (une propriété appelée la malléabilité) ou étirés sans qu'ils se cassent (la ductilité).

Métallographie et métallurgie

La métallographie est l'étude de la structure et des propriétés des métaux et de leurs alliages. La métallurgie recouvre l'ensemble des techniques d'extraction et de traitement des métaux à partir de leurs minerais. La sidérurgie, métallurgie du fer et de l'acier, est l'une des industries les plus importantes du monde.

L'utilisation des métaux

Les ponts suspendus sont principalement construits en acier.

Les statues sont généralement coulées en bronze.

Les structures d'avion sont construites en alliages d'aluminium à la fois légers et solides.

Les sous-marins nucléaires utilisent l'uranium comme combustible.

Nous utilisons presque tous les métaux de l'écorce terrestre. Le choix d'un métal peut être déterminé par ses propriétés physiques (solidité, dureté, fragilité, malléabilité, ductilité), chimiques, électriques ou par d'autres propriétés individuelles (le magnétisme du fer, la radioactivité de l'uranium, l'action catalysante du platine).

Les alliages

Chaque métal possède sa gamme particulière de propriétés. Celles-ci ne le rendent souvent apte qu'à un ou deux usages. Heureusement la plupart des métaux peuvent être mélangés pour créer des alliages qui auront des propriétés plus utiles que les métaux d'origine.

Les illustrations de ces pages donnent une idée des utilisations possibles des métaux. Les ponts suspendus reposent sur la solidité des câbles, constitués de centaines de milliers de kilomètres de fils d'acier. Le fil est galvanisé (recouvert de zinc) afin de le protéger de la corrosion.

Lorsque les ponts sont en béton, celui-ci doit être renforcé par des tiges d'acier.

◄ Les voitures sont faites de fer et d'acier. La carrosserie est en tôle douce et fine, tandis que le moteur est en fonte.

Le fer, précieux pour sa solidité, l'est aussi pour ses propriétés magnétiques. ►

Dans l'aéronautique, le problème est le poids, aussi a-t-on recours à l'aluminium, le plus léger des métaux usuels. On le mélange à du cuivre pour le rendre dur et résistant. L'aluminium est naturellement recouvert d'un film le protégeant de la corrosion.

Le titane, qui reste solide à des températures élevées, est employé pour certaines parties des avions supersoniques. Le nickel, le chrome et le tungstène servent aussi dans les réacteurs des avions et des fusées soumis à des températures élevées.

Le titane est utilisé par les Soviétiques dans leur dernier sous-marin nucléaire, plus performant qu'aucun autre. Leur réacteur fonctionne grâce à de l'uranium, un métal instable dont les atomes, se détruisant perpétuellement, dégagent une intense chaleur. Celle-ci est contrôlée afin de produire la vapeur pour les turbines qui actionnent l'hélice.

L'hélice est elle-même moulée en bronze d'aluminium, très solide et résistant à l'eau. Le bronze de mer ordinaire (alliage de cuivre et d'étain) est le matériau utilisé pour mouler des statues; très fluide une fois fondu, il reproduit les plus petits détails, et résiste bien aux intempéries.

L'automobile et les métaux

Une automobile contient une variété stupéfiante de métaux et d'alliages. Le moteur est en fonte et la carrosserie en acier doux. On utilise des alliages d'aciers spéciaux pour la transmission, l'arbre à cames, les bielles, les engrenages et les roulements à billes. Les interrupteurs contiennent du tungstène, la batterie des plaques de plomb qui, réagissant à l'acide sulfurique dilué, produisent de l'électricité. Le générateur contient du cuivre, ainsi que les fils électriques. Les finitions sont en acier inoxydable ou plaquées de chrome, et les poignées des portières sont en alliage de zinc.

Les possibilités d'utilisation des métaux semblent infinies.

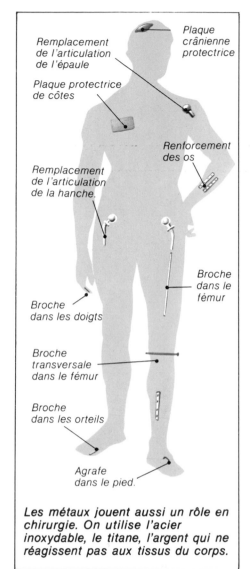

Les métaux jouent aussi un rôle en chirurgie. On utilise l'acier inoxydable, le titane, l'argent qui ne réagissent pas aux tissus du corps.

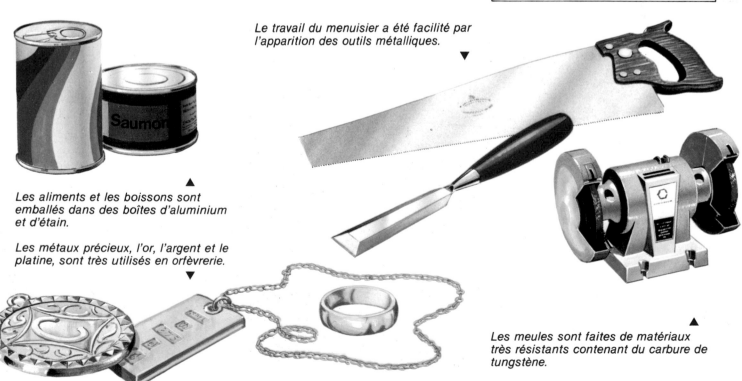

▲
Les aliments et les boissons sont emballés dans des boîtes d'aluminium et d'étain.

Les métaux précieux, l'or, l'argent et le platine, sont très utilisés en orfèvrerie.
▼

Le travail du menuisier a été facilité par l'apparition des outils métalliques.
▼

▲
Les meules sont faites de matériaux très résistants contenant du carbure de tungstène.

Les trois grands

Trois métaux surpassent tous les autres par leur utilité et leur taux de production : le fer, l'aluminium, et le cuivre. Plus de 600 millions de tonnes d'acier sont produites annuellement dans le monde (plus que tous les autres métaux réunis). Les taux de production de l'aluminium et du cuivre sont respectivement de 11 et 6 millions de tonnes par an.

Le fer

Le fer est remarquable surtout parce qu'il donne l'acier. L'acier est un alliage, ou plutôt une gamme d'alliages, rendus très solides par la présence de traces de carbone. Le fer possède une autre propriété précieuse : le magnétisme.

Le fer est, de tous les métaux, le plus accessible. L'écorce terrestre en contient 5 % ; on trouve des gisements de minerai dans le monde entier. Il se présente sous forme de minéraux dans le sol, minéraux qui peuvent aisément être transformés en fer métallique.

La plus grande mine de fer est située à Koursk, en Russie ; ses réserves sont estimées à plus de 10 millions de millions de tonnes de minerai. On trouve d'autres gisements importants dans l'Oural, à Magnitogorsk, dans la région des lacs Supérieurs en Amérique du Nord, et en Australie.

Les minerais qui contiennent le plus de fer sont : la magnétite, l'hématite, la limonite et la sidérite.

CUIVRE

Cuve d'eau chaude

Toiture

Câbles électriques

Casserole

+ZINC

+ETAIN

LAITON

BRONZE

Douille

Boutons

Cadran solaire

Cloche

Canon

Ressort

Le cuivre et ses alliages : le laiton et le bronze. Le laiton peut être travaillé à froid, le bronze doit être moulé.

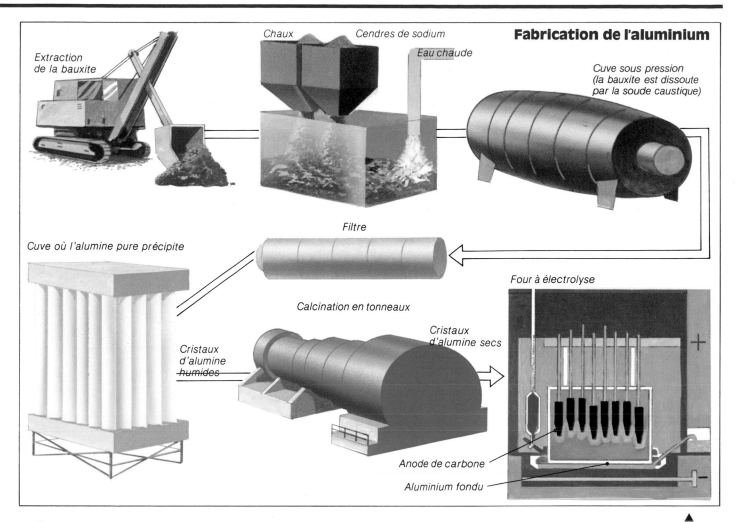

Fabrication de l'aluminium

Extraction de la bauxite

Chaux   Cendres de sodium

Eau chaude

Cuve sous pression (la bauxite est dissoute par la soude caustique)

Filtre

Cuve où l'alumine pure précipite

Four à électrolyse

Calcination en tonneaux

Cristaux d'alumine secs

Cristaux d'alumine humides

Anode de carbone

Aluminium fondu

L'aluminium

Sa légèreté le rend précieux. L'aluminium est un conducteur d'électricité et de chaleur bon marché. De plus, il résiste bien à la corrosion.

L'écorce terrestre contient encore plus d'aluminium que de fer (8 %). On en trouve dans l'argile de nos jardins, par exemple, mais la seule manière profitable de l'exploiter est de l'extraire d'un oxyde, la bauxite.

La bauxite est beaucoup plus rare que le minerai de fer, et plus chère à traiter. La plus grande mine de bauxite se trouve en Australie, et donne 25 % de la production mondiale. Les autres gisements importants sont situés à la Jamaïque et au Brésil.

Le cuivre

Plusieurs propriétés font du cuivre un métal apprécié. C'est un excellent conducteur de chaleur et d'électricité. Il peut facilement être étiré en fils très minces. Il résiste à la corrosion. De plus, il s'associe bien à d'autres métaux, créant une immense gamme d'alliages.

Le cuivre est le plus ancien métal connu de l'homme, probablement parce qu'on en trouvait parfois des blocs à l'état pur (le cuivre natif).

Sur les 300 minéraux qui contiennent du cuivre, beaucoup font de bons minerais : la chalcocine, la chalcopyrite, la cuprite, la malachite et l'azurite. La chalcopyrite a la coloration jaune de l'or, et est bien nommée "l'or des fous". La "Ceinture de cuivre" du Zimbabwe et de Zambie est le plus grand gisement du monde.

▲
La méthode d'extraction et de raffinage de l'aluminium. L'oxyde d'aluminium (alumine) est purifié par des moyens chimiques, puis scindé par électrolyse en aluminium et en oxygène.

Ces poutrelles de fer exposées à la pluie et au vent montrent déjà des signes de corrosion. ▶

Métaux et civilisation

On utilise le procédé de la cire perdue, depuis plus de 5 000 ans. Les célèbres bronzes africains du Bénin furent moulés selon cette technique. On moule tout d'abord grossièrement un modèle dans de l'argile. On l'enrobe de cire, puis on y grave les détails. On recouvre alors la cire d'une autre couche d'argile pour faire un moule. On verse du métal fondu dans le moule d'argile, ce qui fait fondre la couche de cire, reproduisant ainsi la forme exacte dans le moule. Quand il a refroidi, on le casse pour révéler le moulage.

L'homme utilise le métal sous ses formes les plus diverses sans doute depuis au moins 10 000 ans. Or, cette utilisation des métaux, qui est allée en s'accroissant, a conduit la société d'aujourd'hui à une véritable dépendance.

Le cuivre et le bronze

Le premier métal employé fut probablement le cuivre natif, dont on pouvait parfois trouver des blocs à même le sol. Mais il était si rare qu'il n'a d'abord été utilisé que pour les chapelets et les breloques. Les outils et les armes étaient encore en pierre. Puis, vers 5000 avant notre ère, les Egyptiens et les Mésopotamiens découvrirent comment fondre le cuivre. Vers 3500 avant notre ère, on fondait le cuivre et moulait des

Le baptême, en 1843, du Great Britain, construit par I.K. Brunel. Il fut le premier paquebot en fer à traverser régulièrement l'Atlantique.

Le masque funéraire en or de Toutankha-mon. Il remonte au XIVe siècle avant notre ère.

outils et divers ustensiles partout dans le monde, sauf en Extrême-Orient et aux Amériques où l'âge de pierre n'était pas encore terminé.

Mais les hommes, de plus en plus experts, découvrirent un alliage qui allait dominer pendant les deux millénaires suivants : le bronze. Réalisé tout d'abord à partir de la fonte de cuivre et de minerais d'étain mélangés, il avait la dureté et la solidité qui manquaient aux métaux précédents. Le bronze s'avérait être un matériau beaucoup mieux approprié pour les outils et les armes et, de plus, il pouvait être moulé beaucoup plus facilement.

L'âge de fer

Le fer fut d'abord utilisé au Proche-Orient vers 1500 avant notre ère. L'âge de fer n'apparut en Occident et en Chine que 900 ans plus tard. Les premiers fondeurs produisirent le fer sous une forme spongieuse et mélangé à des scories. Leurs fourneaux n'étaient pas encore assez chauds pour le fondre.

Ils débarrassaient alors le fer de ses scories à coups de marteau, puis le forgeaient, obtenant ce qu'on appelle aujourd'hui le fer forgé. Puis ils découvrirent qu'on pouvait durcir le fer en le chauffant au contact du charbon et en le plongeant encore rouge dans l'eau. En fait, ils inventaient l'acier, le durcissant par refroidissement.

Si les Chinois ont développé l'utilisation du fer assez tard, en revanche, ils surent le mouler très tôt. Partout ailleurs, la fonte du fer ne fut possible que lorsque les fourneaux acquirent une forme à peu près équivalente à ceux d'aujourd'hui, c'est-à-dire vers 1400.

La métallurgie moderne

Quand on découvrit, en 1709, que le coke pouvait remplacer le charbon dans la production du fer, les fours s'agrandirent et devinrent plus chauds. La fonte ainsi produite était en grande partie transformée en fer forgé. L'industrie prenait de

l'ampleur proportionnellement à la demande en fonte et en fer forgé.

Après 1856, quand Henry Bessemer introduisit un procédé de fabrication meilleur marché, l'acier devint le métal prédominant. Des expériences faites avec différents mélanges d'acier conduisirent au développement d'alliages tels l'invar, l'acier trempé et l'acier inoxydable.

L'un des traits les plus frappants de la métallurgie du XXe siècle fut sans doute l'usage toujours croissant d'un métal resté ignoré jusqu'en 1850 : l'aluminium. Il n'a été produit à grande échelle que depuis 1886, quand Charles Hall aux Etats-Unis, et Paul Héroult en France inventèrent simultanément le procédé moderne de fonte par électrolyse. Aujourd'hui, l'aluminium arrive en deuxième position après l'acier.

Les métaux au microscope

Echantillon de minéral

1. L'échantillon de roches est coupé à la scie circulaire. On obtient ainsi une section transversale très fine. ▶

2. Cette lame mince est alors montée sur une plaque. On polit ◀ l'une des faces avec de la toile émeri de plus en plus fine.

Lame mince recouverte d'une plaque de verre, prête à l'observation sur microscope

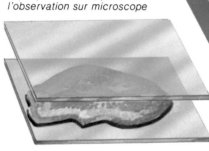

3. La face polie est alors observée au microscope pour voir si elle présente des fissures.

4. Pour obtenir plus de détails, on peut traiter la surface à l'acide.

▲

5. Les grains attaqués à l'acide réfléchissent la lumière dans différentes directions ; ainsi la structure du grain devient visible.

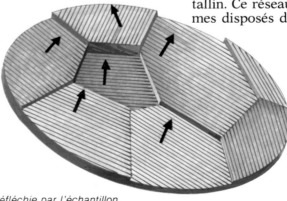

Lumière réfléchie par l'échantillon

Les schémas ci-dessous montrent comment préparer une lamelle pour révéler au microscope la structure interne d'un métal.

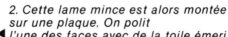

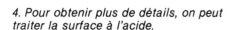

Outre le fait qu'ils sont tous deux solides, le diamant et le fer semblent n'avoir rien en commun. Pourtant, ils sont l'un et l'autre composés de cristaux. Tous les métaux sont constitués de cristaux, bien que ceux-ci ne puissent généralement être vus à l'œil nu. Ces cristaux, cependant, apparaissent au microscope lorsque la surface du métal a été convenablement préparée. Les métallurgistes appellent ces cristaux des grains, c'est donc ce terme que nous emploierons dorénavant.

La structure du grain

La nature et la taille des grains d'un métal ont un effet déterminant sur ses propriétés. Les grains peuvent être altérés par la chaleur, la présence de corps étrangers, tels que d'autres métaux, et par le traitement mécanique (forgeage, laminage). En observant la structure du grain d'un métal, les métallurgistes peuvent en déduire le comportement de ce métal. Une des méthodes consiste à préparer un mince échantillon de métal pour l'examiner au microscope. Il sera poli et passé à l'acide, lequel attaque les joints entre les grains. Au microscope, ces joints forment alors des lignes sombres. Dans le cas d'alliages, l'acide attaque les différents grains à divers degrés. On peut obtenir un détail de la structure du grain encore plus précis au microscope électronique. Alors qu'un microscope ordinaire grossit 1 000 fois environ, un microscope électronique grossit plusieurs dizaines de milliers de fois.

Le réseau cristallin

En fait, quand ils se cristallisent, tous les métaux commencent par prendre des formes arborescentes, ou dendrites. La dendrite est un développement de la structure fondamentale du métal, le réseau cristallin. Ce réseau est constitué d'atomes disposés d'une façon qui varie

▲
La forme du réseau cristallin varie d'un métal à l'autre.

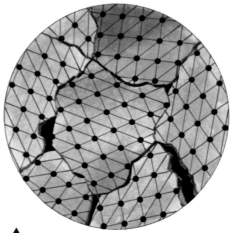

▲
Les démarcations entre les cristaux, ou grains, apparaissent très clairement au microscope.

▲
Un échantillon d'antimoine. Cette forme caractéristique, un peu arborescente, est appelée une dendrite.

selon les métaux. Pour le cuivre, l'aluminium et l'or, par exemple, le réseau de base représente un cube avec des atomes à chaque angle et au centre de chaque face. Cette disposition est appelée réseau cubique à faces centrées.

Le sodium, le tungstène et le fer, à la température ambiante, ont un réseau de base avec des atomes à chaque angle du cube, et un atome simple au centre du cube. Cette disposition est appelée réseau cubique centré. Le zinc et le magnésium ont un réseau hexagonal.

Ces trois réseaux cristallins sont les plus courants pour les métaux. Le fer est intéressant en ce sens qu'il se change, à température élevée, en

un réseau cubique à faces centrées.

La structure cristalline des métaux peut être explorée au moyen des rayons X. Lorsque l'on passe aux rayons X un mince échantillon de métal, le faisceau se fractionne selon un schéma type qui révèle la structure atomique du métal. Le réseau cristallin d'un métal est rarement parfait. Sa structure présente souvent une irrégularité ou dislocation, due à des atomes en trop ou en moins. Ces dislocations provoquent un certain affaiblissement et permettent aux atomes de glisser et de se fracturer s'ils sont sous tension. Généralement, si le réseau reste intact malgré la tension, un défaut apparaît aux joints des grains.

Quatre minerais de métaux différents. La structure cristalline de chaque minerai a été grossie trente fois. Le minerai rouge est une hématite (fer), le gris de la covelline (cuivre), le rose de la rhodochrosite (manganèse) et le vert de l'autunite (uranium).
▼

Les alliages

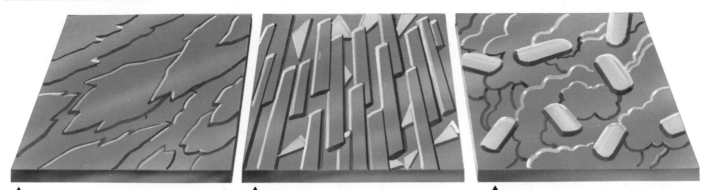

▲ *Deux métaux ou plus peuvent se mélanger de diverses façons.*

1. Dissolution complète de l'un dans l'autre. Aucune trace de chaque métal pur ne peut être observée au microscope.

▲ *2. Dissolution partielle. On obtient souvent deux types de cristaux, chacun contenant surtout un métal et quelques traces de l'autre.*

▲ *3. Les deux métaux sont insolubles. Les cristaux de l'un sont imbriqués dans les cristaux de l'autre.*

Sauf exception, les métaux sont peu utilisés à l'état pur, ils seraient mous et faibles. Mais si on leur ajoute quelques traces d'un autre métal ou métalloïde, ils deviennent plus durs et plus solides. Un tel mélange s'appelle un alliage.

Les propriétés des alliages

En ajoutant par exemple 0,2 % de carbone au fer, sa dureté croît de 100 à 130, sa résistance à la traction de 20 à 30.

Du cuivre (4 %) ajouté à l'aluminium a un effet encore plus remarquable : la dureté de l'aluminium croît de 30 à 100, sa résistance à la traction est quadruplée et approche celle de l'acier doux. La solidité et la dureté de l'alliage se développent en plusieurs jours, propriété qu'on appelle «le durcissement par vieillissement ».

Sans alliage, le fer et l'aluminium seraient loin d'être aussi utiles ; cela vaut aussi pour le cuivre, le zinc, l'étain, le plomb, le nickel, le chrome, ainsi que pour des métaux moins courants comme le magnésium, le titane, le zirconium, le molybdène et le tungstène.

Les alliages de fer (les aciers) sont les plus importants. Selon le dosage

Le laiton est un alliage de cuivre et de zinc. On en fait des boulons, des pièces de machines...

Le bronze (cuivre et étain) sert pour toutes sortes de moulages, y compris celui des statues.

Le cupro-nickel (cuivre et nickel) est utilisé pour les monnaies et les ailettes de turbines.

Le duralumin (aluminium, cuivre, et autres métaux) est utilisé principalement en aéronautique.

Le maillechort (cuivre, zinc et nickel) sert pour certains objets décoratifs et les accessoires d'automobiles.

du carbone on obtient des aciers différents en dureté, solidité et usages. L'ajout d'autres métaux produit des aciers spéciaux : les aciers au tungstène ou au chrome sont exceptionnellement durs, et le restent à des températures élevées ; les aciers au chrome et au nickel donnent l'acier inoxydable, qui ne se rouille jamais.

L'importance du réseau cristallin

Si la transformation chimique d'un métal par l'adjonction d'un autre est facile à comprendre, sa transformation physique l'est moins. Comment le cuivre et le zinc, tous deux tendres et mous, peuvent-ils former le laiton, solide et dur ? La réponse est donnée par le réseau cristallin (voir p. 13). Les atomes de cuivre sont ordonnés en réseau régulier. Dans le laiton, certains gros atomes de zinc ont remplacé des atomes de cuivre. Les couches d'atomes peuvent difficilement glisser les unes sur les autres dans le réseau ainsi désorganisé. Il devient donc plus dur et plus solide. D'une manière quelque peu différente, le carbone consolide le fer dans l'acier.

L'aiguille du Chrysler Building à New York est en acier inoxydable. ▶

Les traitements thermiques

Les propriétés des alliages, en particulier des aciers, peuvent être considérablement modifiées par divers traitements à chaud. Ainsi la trempe, où l'on trempe un métal incandescent dans de l'eau ou de l'huile froide, accroît la dureté, mais rend le métal fragile.

Le recuit, un autre traitement thermique, élimine cette fragilité. Le métal trempé est réchauffé et refroidi lentement.

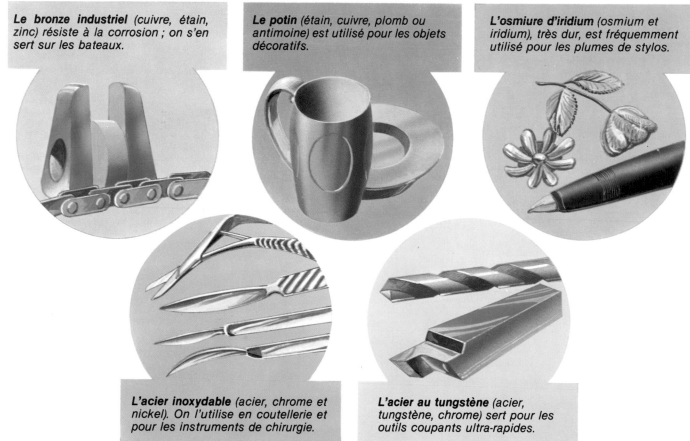

Le bronze industriel (cuivre, étain, zinc) résiste à la corrosion ; on s'en sert sur les bateaux.

Le potin (étain, cuivre, plomb ou antimoine) est utilisé pour les objets décoratifs.

L'osmiure d'iridium (osmium et iridium), très dur, est fréquemment utilisé pour les plumes de stylos.

L'acier inoxydable (acier, chrome et nickel). On l'utilise en coutellerie et pour les instruments de chirurgie.

L'acier au tungstène (acier, tungstène, chrome) sert pour les outils coupants ultra-rapides.

Les métaux attaqués

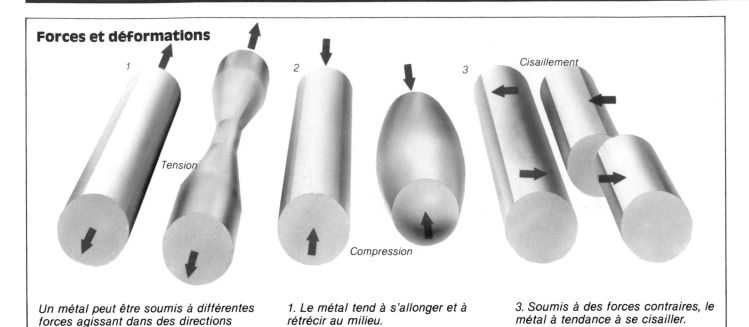

Forces et déformations

Tension

Compression

Cisaillement

1 *2* *3*

Un métal peut être soumis à différentes forces agissant dans des directions différentes.

1. Le métal tend à s'allonger et à rétrécir au milieu.
2. Le métal tend à grossir au milieu.

3. Soumis à des forces contraires, le métal à tendance à se cisailler.

Dès qu'on utilise les métaux, ils sont soumis à différentes forces qui tendent à les étirer, à les comprimer, à les déformer.

Les tensions

En général, les métaux résistent bien aux forces de tension, de compression, de cisaillement. Leur relative élasticité leur permet de se déformer quelque peu sous un certain effort, puis de reprendre leur position originelle lorsque l'effort cesse, cela jusqu'à un point appelé la limite d'élasticité. Au-delà de ce point, les métaux ne reviennent plus à leur position de départ, et sont déformés. Si on augmente encore l'effort, ils se cassent : ce niveau de tension s'appelle la résistance à la rupture.

Pour des raisons de sécurité, on choisit les métaux de sorte que les forces qu'ils subissent ne dépassent jamais leur limite d'élasticité. Mais on a observé que les métaux faiblissent et cèdent parfois sous des forces très faibles, s'ils ont subi des efforts prolongés. Ce phénomène s'appelle la fatigue des métaux.

La corrosion

L'environnement aussi attaque les métaux. L'air et l'humidité attaquent le fer et le transforment en oxyde de fer, ou rouille. L'atmosphère attaque le cuivre pareillement, le transformant en carbonate de cuivre, ou vert-de-gris. L'aluminium, le zinc, le chrome et le plomb sont des métaux qui résistent bien à la corrosion.

Dans les régions industrielles, le dioxyde de soufre de l'atmosphère donne un acide qui en augmente l'action corrosive.

Le sel et l'eau sont particulièrement dangereux pour les métaux : une solution saline, excellente conductrice d'électricité, forme à la surface du fer des piles électriques ; le fer, oxydé, se rouille, et se dissout. Ici, la corrosion est une réaction électrochimique.

C'est pour cela que les voitures se rouillent plus rapidement au bord de la mer, ou en hiver, lorsqu'on jette du sel sur les routes.

Ce canon du XVIIe siècle montre l'effet de trois siècles de corrosion par l'eau de mer. ▶

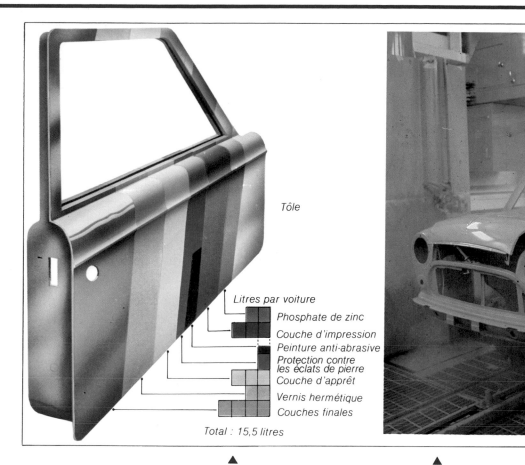

Tôle

Litres par voiture

Phosphate de zinc
Couche d'impression
Peinture anti-abrasive
Protection contre
les éclats de pierre
Couche d'apprêt
Vernis hermétique
Couches finales

Total : 15,5 litres

▲
Pour une bonne protection
anticorrosion, la tôle nécessite plusieurs
couches de peinture.

▲
Cette voiture est peinte au pistolet
automatique.

Les mesures de protection

Le métal peut être protégé de la
corrosion de nombreuses manières.
Il peut être peint : la peinture forme
un film qui le préserve de l'air et de
l'humidité.

Le métal peut également être
revêtu d'un autre métal inoxydable.
L'acier, par exemple, peut être
recouvert de zinc par un procédé
appelé galvanisation. Il peut aussi
être plaqué de chrome (chromé) par
dépôt électrolytique : on plonge le
métal à protéger dans une solution
électrolytique de chrome ou d'étain.

Une autre méthode consiste à réa-
liser un alliage d'un métal inoxydable avec un métal oxydable. C'est de
cette manière que l'on réalise de
l'acier inoxydable.

◄ Une exposition prolongée à de très
basses températures, comme ici en
Antarctique, peut rendre les métaux
fragiles.

Tests et mesures

L'ingénieur moderne dispose d'un grand choix de métaux et d'alliages pour construire ses machines. Il calcule les forces auxquelles chaque pièce sera soumise, puis choisit pour chacune le métal approprié.

Il peut se servir de métaux déjà existants, dont la résistance et la dureté sont connues par des essais effectués sur des échantillons de composition similaire, ou il peut en faire fabriquer qui réunissent les propriétés dont il a besoin. Il doit alors tester des échantillons du nouveau métal pour contrôler sa qualité.

Les essais destructifs

Pour découvrir leurs propriétés mécaniques de base, on doit faire subir aux métaux des tests destructifs. L'essai de traction est un des tests les plus courants. On pose un échantillon cylindrique du métal sur un appareil qui lui applique des forces de traction croissantes. Pour chacune, on note l'allongement du métal. On augmente la traction jusqu'à ce que la tige se casse.

Si l'on reporte sur un graphique les forces appliquées et l'allongement subi, on obtient une courbe caractéristique, qui décrit le comportement du métal sous traction. La force nécessaire pour casser la tige s'appelle la résistance à la traction du métal. Celle de l'acier doux est 5 fois plus élevée que celle de l'aluminium pur.

On teste aussi la dureté des métaux. Une machine presse une bille en acier extra-dur contre la surface du métal pendant un temps donné. Plus le métal est dur, plus l'empreinte laissée est petite. On mesure la surface de l'empreinte que l'on rapporte à l'échelle de Brinell sur laquelle ont lit 130 pour l'acier doux, 30 pour l'aluminium pur.

Un autre essai standard détermine la résistance à la rupture en cas de choc : c'est le test résilience, où une barre entaillée est heurtée par un pendule jusqu'à ce qu'elle se casse.

Les essais non destructifs

Evidemment, les tests destructifs ne peuvent être faits sur les pièces que l'ingénieur veut utiliser. Pour celles-ci, on doit faire d'autres types d'essais : l'examen aux rayons X, ou des méthodes à ultrasons, qui donnent des images précises des défauts internes du métal. Les fissures invisibles de la surface peuvent encore être observées grâce à l'application d'une teinture fluorescente.

Assemblage pour les essais de fatigue du Concorde

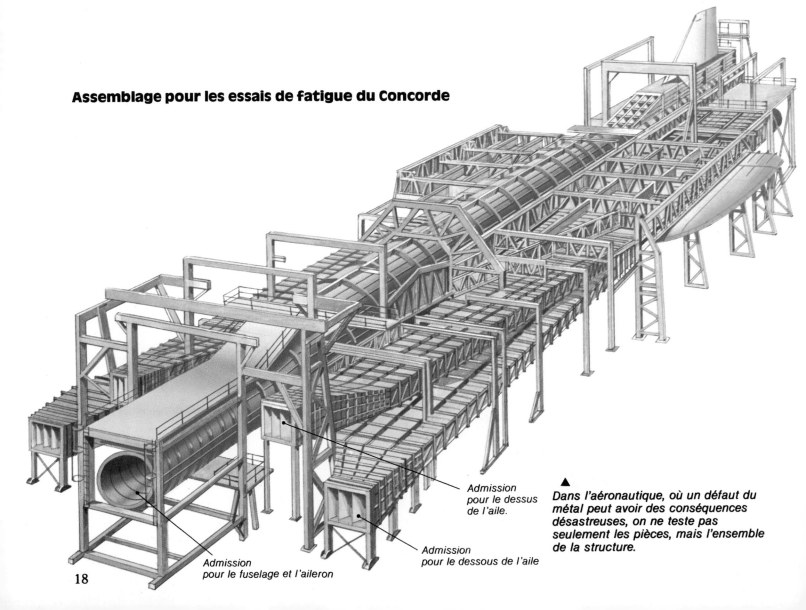

Admission pour le dessus de l'aile.

Admission pour le dessous de l'aile

Admission pour le fuselage et l'aileron

▲
Dans l'aéronautique, où un défaut du métal peut avoir des conséquences désastreuses, on ne teste pas seulement les pièces, mais l'ensemble de la structure.

des métaux

Equipement pour tests ultrasoniques utilisé pour l'examen de goupilles de réacteur nucléaire. ▶

On ne teste pas seulement des échantillons ou des pièces, mais des structures entières. Les essais de fatigue sur les fuselages d'avions en sont un exemple : des leviers hydrauliques imposent des efforts variables, des infrarouges chauffent la surface, de l'azote liquide la refroidit. L'avion doit être soumis à des conditions analogues à celles du décollage, de la haute altitude et de l'atterrissage.

Le palmer, les cales et compas d'épaisseur sont des instruments de mesure courants.
▼

instruments de mesure

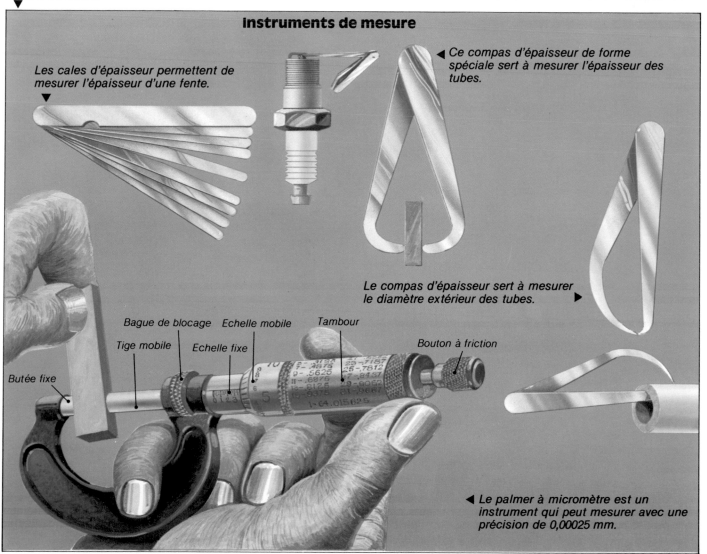

Les cales d'épaisseur permettent de mesurer l'épaisseur d'une fente.
▼

◀ Ce compas d'épaisseur de forme spéciale sert à mesurer l'épaisseur des tubes.

Le compas d'épaisseur sert à mesurer le diamètre extérieur des tubes. ▶

Bague de blocage Echelle mobile Tambour

Tige mobile Echelle fixe Bouton à friction

Butée fixe

◀ Le palmer à micromètre est un instrument qui peut mesurer avec une précision de 0,00025 mm.

La provenance des métaux

La plupart des métaux se combinent facilement avec d'autres éléments chimiques. C'est ainsi qu'on les trouve dans l'écorce terrestre, sous forme de minéraux. L'aluminium, le fer, le magnésium et le titane se trouvent généralement combinés avec de l'oxygène, formant des oxydes. En général, les minéraux métalliques sont disséminés dans l'écorce terrestre. Pourtant, en certains endroits, des processus géologiques les ont concentrés. On les appelle alors des minerais.

Les métaux natifs

Quelques métaux se trouvent à l'état naturel (natif) dans l'écorce terrestre, par exemple l'or, l'argent, le platine et le cuivre. Les trois premiers se combinent mal avec les autres éléments et restent souvent à l'état pur dans le sol. Le cuivre est plus réactif, mais il peut se trouver sous forme native. Ces métaux sont souvent dispersés dans le sol, et ils ne peuvent être exploités que si l'on rencontre de grandes concentrations. Les métaux natifs sont généralement sous forme de petits grains, mais on trouve parfois de grosses pépites, ainsi ces pépites de cuivre pesant plusieurs tonnes, en Amérique du Nord près du lac Supérieur, ou ces pépites d'or de plus de 45 kg, en Australie.

L'origine des minerais

La façon dont les minéraux se concentrent en minerais exploitables varie. La concentration peut avoir lieu pendant la formation des roches, tandis que le magma refroidit. C'est ainsi que se formèrent les gisements de magnétite (minerai de fer) de Kiruna en Suède.
Pendant que le magma durcit, le fluide restant, riche en minéraux, devient plus mobile. Finalement, le fluide n'est plus qu'une solution d'eau chaude chargée de gaz. Cette solution force les fissures des rochers, où elle se refroidit et dépose les minéraux qu'elle contient. Les minerais de zinc, de plomb et de cuivre se trouvent ainsi sous forme de veines.
Lorsque les roches sont à la surface, elles sont peu à peu érodées par les intempéries ou par l'action de l'eau. Les minéraux qu'elles contiennent peuvent être transportés ailleurs. Durant ce processus, les minéraux lourds et les métaux natifs se concentrent souvent en dépôts alluviaux, où l'on trouve l'or et le platine, ainsi que la cassitérite (minerai d'étain).

Certains minéraux se dissolvent dans l'eau, et finissent par se déposer dans la mer ; beaucoup de gisements de minerais de cuivre, de fer et de manganèse se sont formés ainsi.

La production mondiale de métaux

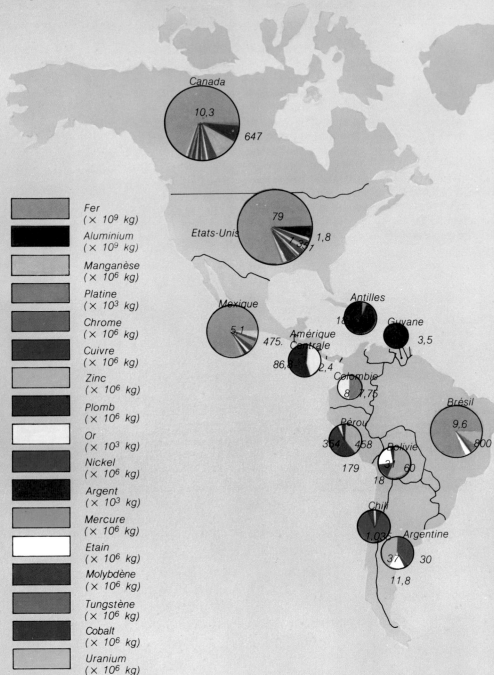

Fer ($\times 10^9$ kg)
Aluminium ($\times 10^9$ kg)
Manganèse ($\times 10^6$ kg)
Platine ($\times 10^3$ kg)
Chrome ($\times 10^6$ kg)
Cuivre ($\times 10^6$ kg)
Zinc ($\times 10^6$ kg)
Plomb ($\times 10^6$ kg)
Or ($\times 10^3$ kg)
Nickel ($\times 10^6$ kg)
Argent ($\times 10^3$ kg)
Mercure ($\times 10^6$ kg)
Etain ($\times 10^6$ kg)
Molybdène ($\times 10^6$ kg)
Tungstène ($\times 10^6$ kg)
Cobalt ($\times 10^6$ kg)
Uranium ($\times 10^6$ kg)

▲
Les métaux de par le monde : les taux de production par pays des 17 principaux métaux.

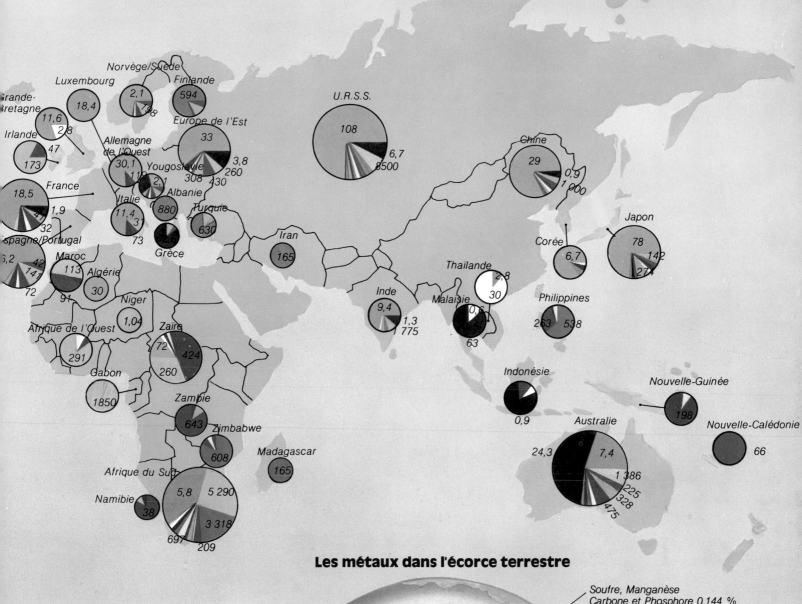

Norvège/Suède
Luxembourg
Finlande
Grande-Bretagne
18,4
2,1
98
594
11,6
2,8
U.R.S.S.
Irlande
47
108
6,7
8500
173
Europe de l'Est
Chine
Allemagne de l'Ouest
33
29
0,9
1 000
30,1
3,8
260
Yougoslavie
France
110
308
430
18,5
2,1
Japon
Albanie
78
142
Italie
880
Corée
274
4
1,9
11,4
3
Turquie
6,7
32
73
630
Espagne/Portugal
Grèce
Iran
Maroc
165
6,2
42
141
113
Inde
Thaïlande
Philippines
72
Algérie
9,4
2,8
91
30
263
538
30
1,3
775
Niger
Malaisie
1,04
0,6
Afrique de l'Ouest
Zaïre
63
72
424
Indonésie
291
260
Nouvelle-Guinée
198
Gabon
Australie
Nouvelle-Calédonie
1850
0,9
66
Zambie
24,3
7,4
643
1 386
Zimbabwe
225
608
328
Madagascar
475
Afrique du Sud
165
5,8
5 290
Namibie
38
3 318
697
209

Les métaux dans l'écorce terrestre

Soufre, Manganèse
Carbone et Phosphore 0,144 %
Titane 0,62 %
Magnésium 2,07 %
Potasse 2,58 %
Sodium 2,83 %

Calcium 3,64 %

Fer 5,06 %

Aluminium 8,07 %

Six métaux (l'aluminium, le fer, le calcium, le sodium, le potassium, le
magnésium) constituent 24 % de
l'écorce terrestre, l'oxygène et le silicium 74,5 % ; les 84 autres éléments se
▶ partagent le 1,5 % restant.

Les modes d'exploitation

L'exploitation minière est la plus ancienne industrie du monde après l'agriculture. L'homme entreprit l'exploitation des minerais dès 3500 avant notre ère, lorsqu'il découvrit le bronze. Il usa d'abord des gisements en surface, puis il creusa sous terre. De nos jours, l'exploitation se fait toujours à ciel ouvert ou dans les mines, mais les quantités extraites sont maintenant gigantesques.

◄ *Pour libérer le minerai, il faut faire exploser les roches trop dures.*

Pendant la ruée vers l'or, au XIXᵉ siècle, les chercheurs d'or tamisaient l'eau des rivières.

Le minerai d'étain (cassitérite) est principalement extrait des lacs, comme ici en Malaisie.

L'exploitation en surface

L'exploitation en surface (à ciel ouvert) revient considérablement moins cher. Heureusement, beaucoup de minerais importants se trouvent à la surface ou à une faible profondeur : par exemple la bauxite (minerai d'aluminium), le fer et le cuivre. Certaines mines occupent de grandes surfaces : la mine de cuivre de Bingham Canyon (Etats-Unis), couvre 7 km² et atteint une profondeur de 800 mètres.

Quand on exploite une mine, on commence par enlever toute la terre et les roches qui recouvrent les gisements. Si ceux-ci sont suffisamment tendres, on peut les enlever avec des pelleteuses et des excavatrices, et les charger dans des trains ou des camions. Mais si le gisement est dur, on doit d'abord le briser avec des explosifs. On utilise d'autres techniques pour exploiter les dépôts alluviaux comme ceux de cassitérite (minerai d'étain) ou d'or. On se sert alors d'immenses dragues qui extraient et trient chaque jour des milliers de tonnes de graviers.

Le dragage est également utilisé pour les dépôts aurifères. On a aussi utilisé pendant longtemps le procédé du lavage pour séparer les pépites d'or des sables aurifères : après projection de puissants jets d'eau, l'or était séparé par lévigation grâce à son poids généralement supérieur à celui des boues formées.

L'exploitation souterraine

Lorsqu'un minerai est enfoui sous terre, on creuse un puits vertical, et de là on fait partir des galeries horizontales.

Dans les grandes mines, les tunnels peuvent atteindre des milliers de kilomètres, sur différents niveaux. Si une veine de minerai est riche, on la suit à de grandes profondeurs : dans certaines mines d'Afri-

que du Sud, on travaille à une profondeur de 3 800 mètres ; la température des roches y atteint plus de 50 °C.

Dans la plupart des mines on doit détacher le minerai de la roche avec des explosifs. On perce des trous dans la roche, et on les bourre d'un mélange de nitrate d'ammonium et de mazout qu'on fait détoner. Les blocs de minerai sont alors chargés dans des trains et enlevés.

Les modes d'exploitation dépendent de la localisation et de la nature des minerais. Si le gisement est ferme, épais, horizontal, on peut y creuser des galeries en laissant ici et là des piliers de soutien. Sinon, on doit consolider par des étais, pour prévenir les chutes de pierres. Quoi qu'il en soit, l'exploitation souterraine est une entreprise dangereuse.

La mine de cuivre de Bingham Canyon, Utah, en Amérique du Nord.

De la mine au métal

La fabrication de l'acier

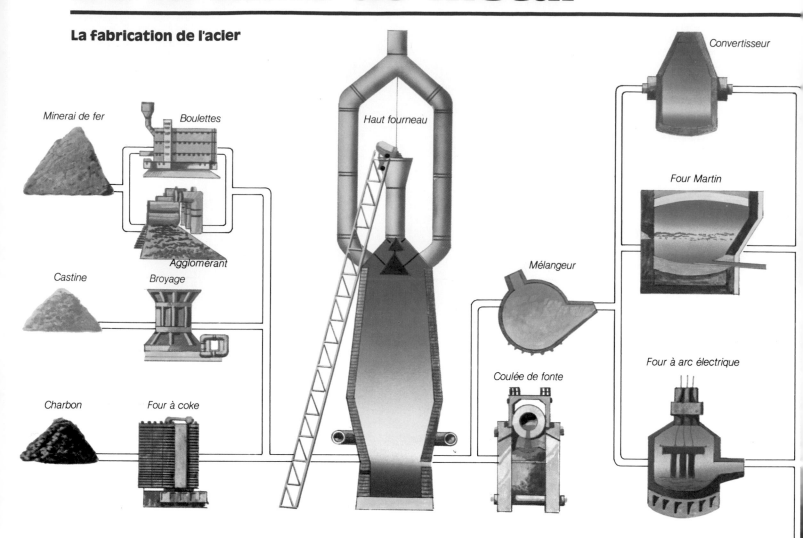

Minerai de fer — Boulettes — Haut fourneau — Convertisseur — Four Martin — Mélangeur — Castine — Agglomérant — Broyage — Coulée de fonte — Four à arc électrique — Charbon — Four à coke

L'enrichissement

La plupart des minerais sont mélangés à de la terre ou des roches, matériaux indésirables appelés gangue, qu'il faut éliminer avant de traiter le minerai. Ce processus s'appelle l'enrichissement. Les méthodes utilisées dépendent principalement du minerai.

On réduit en général le minerai en petits blocs ou en poudre. Si le minerai est plus lourd que la gangue, on se servira de la densité : le lavage à l'eau emporte les particules légères. Si le minerai est magnétique, on utilisera un aimant.

Une autre méthode, la flottation, est fondée sur le fait que certains corps sont mouillés par un liquide moussant, alors que d'autres ne le sont pas. Les fines particules de minerai s'attachent aux bulles de la mousse et on peut alors écumer. Si le minerai comporte plusieurs minéraux, on procède à des flottations successives.

Les techniques d'enrichissement livrent un minerai en poudre et le plus souvent humide. Il est indispensable de le sécher et de l'agglomérer pour le transformer en blocs plus maniables.

L'extraction du métal

Les méthodes d'extraction d'un métal de son minerai varient avec les métaux. La plus commune est l'action de la chaleur, la fusion. Le fer, le cuivre, le plomb, le zinc et l'étain sont obtenus par fusion dans des fours à haute température. Les minerais peuvent encore être traités par des procédés électriques ou chimiques (voir p. 28). L'aluminium est extrait par action électrique, le cuivre par action chimique.

La fusion, comme les autres méthodes, donne un métal bien trop impur pour être employé. Il doit donc être affiné, ou purifié, soit par refusion, soit par des méthodes chimiques ou électriques, soit par les deux. Souvent, les impuretés sont sans valeur, mais parfois elles contiennent d'autres métaux, tels l'or, l'argent, et le platine.

La métallurgie

La métallurgie, industrie de l'extraction, du raffinage et du travail des métaux, est un ensemble de procédés longs et compliqués. Le métal doit parcourir un long chemin avant d'être prêt à l'emploi.

Le métal affiné peut être mélangé à d'autres pour former un alliage, ou moulé, laminé, martelé, ou bien pressé, pour finir en aiguille, hélice ou nez de fusée.

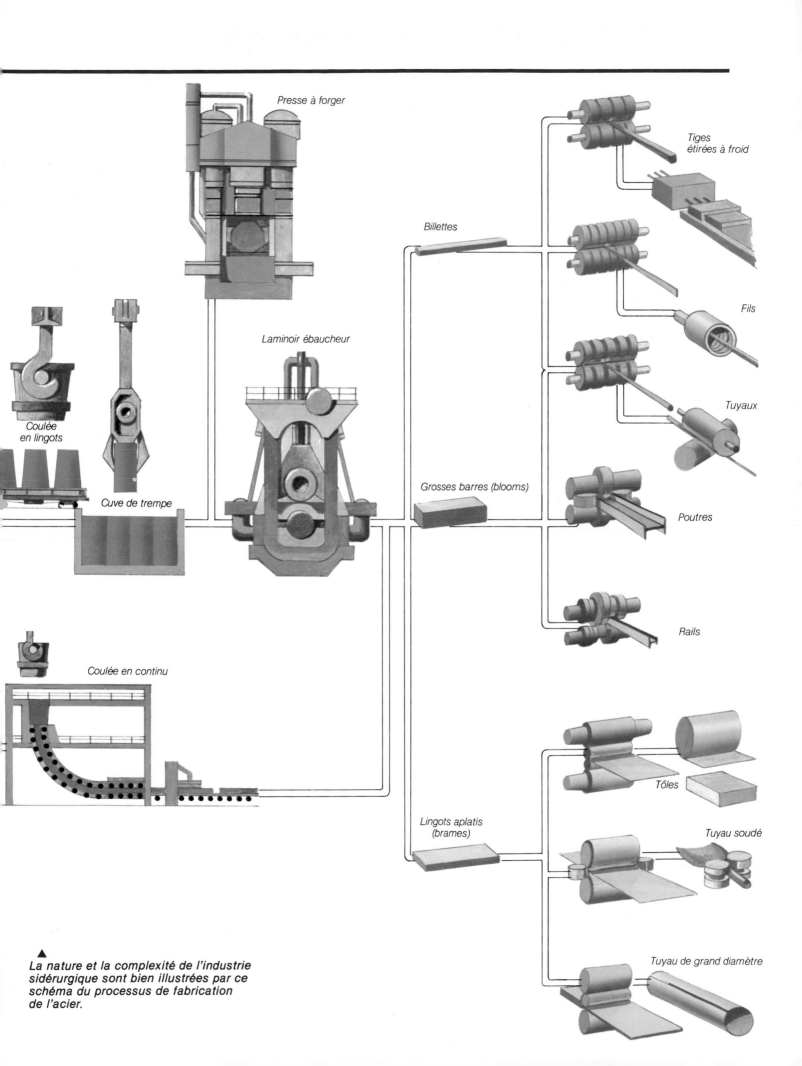

Presse à forger

Tiges
étirées à froid

Billettes

Laminoir ébaucheur

Fils

Coulée
en lingots

Tuyaux

Cuve de trempe

Grosses barres (blooms)

Poutres

Rails

Coulée en continu

Tôles

Lingots aplatis
(brames)

Tuyau soudé

Tuyau de grand diamètre

▲
*La nature et la complexité de l'industrie
sidérurgique sont bien illustrées par ce
schéma du processus de fabrication
de l'acier.*

La fusion du minerai

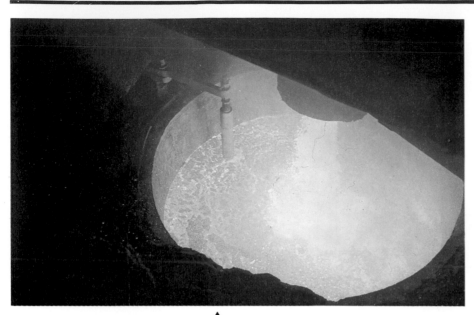

La coulée d'un haut fourneau est spectaculaire quand le métal en fusion jaillit.

Le haut fourneau

Gaz chaud

Cloches de fermeture

Parois en briques réfractaires

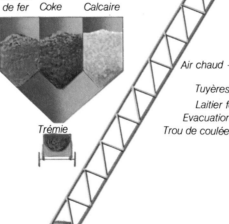

Minerai de fer   Coke   Calcaire

Trémie

Air chaud

Tuyères

Laitier fondu

Evacuation du laitier

Trou de coulée de la fonte

Fer fondu

Wagonnet de chargement

La méthode la plus répandue pour extraire les métaux de leurs minerais reste la fusion dans des fours sous l'action de températures élevées. La fusion du minerai de fer dans les hauts fourneaux en est l'exemple le plus connu.

Le haut fourneau est une grande tour d'acier, dont l'intérieur est en briques réfractaires. Il mesure à peu près 60 mètres de haut sur une base de 10 mètres de diamètre. Il fonctionne jour et nuit et peut produire plus de 8 000 tonnes en 24 heures. On utilise également des hauts fourneaux pour fondre le plomb, le zinc et l'étain, mais de moindre envergure.

Le minerai, le coke et le calcaire (castine) sont introduits par la partie supérieure, ou gueulard, fermée par des cloches. De l'air chaud sous pression, le vent, amené à la base du fourneau par les tuyères, permet la combustion du coke. Le coke, composé principalement de carbone, se combine alors avec l'oxygène du minerai, le réduisant ainsi en fer.

Dans le haut fourneau, du minerai de fer, du coke et du calcaire sont chargés dans une tour et chauffés à 1 600° C par une soufflerie d'air chaud. Le minerai de fer fond et les impuretées réagissent au calcaire pour former du laitier qui s'accumule au-dessus du fer en fusion.

Hauts fourneaux en France. A côté, des récupérateurs de chaleur qui préchauffent l'air avant qu'il soit soufflé dans les fourneaux. ▶

Les impuretés contenues dans le minerai se combinent avec le calcaire pour donner un laitier liquide. A la base du fourneau, dans le creuset, se rassemble la fonte liquide sur laquelle surnage le laitier.

Les gaz chauds de la combustion s'échappent par le gueulard. Ils sont dépoussiérés, épurés, puis dirigés vers des récupérateurs de chaleur, les cowpers. Ces récupérateurs contiennent un empilage de briques réfractaires qui emmagasinent la chaleur des gaz et la restituent ensuite à l'air que l'on y souffle.

Le haut fourneau fonctionne sans interruption jusqu'à ce que la paroi s'use, ce qui prend plusieurs années.

La fusion du fer

Les principaux minerais fondus dans le haut fourneau sont les oxydes de fer, telles l'hématite et la magnétite.

Le coke joue trois rôles dans le processus. Il sert de combustible pour chauffer le fourneau à 1 600 °C ou plus. Il réagit chimiquement au minerai de fer. Il soutient le matériau dans le fourneau. On ajoute du calcaire pour absorber les impuretés du minerai.

Les autres minerais

Les minerais de plomb et de zinc les plus courants, la galène et la blende, ne sont pas des oxydes, mais des sulfures. Avant de pouvoir être fondus dans le haut fourneau, ils doivent être grillés. Le grillage transforme les sulfures en oxydes, que l'on peut traiter dans un haut fourneau. Comme le zinc a un degré d'ébullition relativement bas, il est recueilli sous forme de vapeur en haut du fourneau, puis condensé.

L'extraction du nickel de ses minerais, lesquels contiennent généralement du cuivre et du fer, est une opération compliquée. ▶

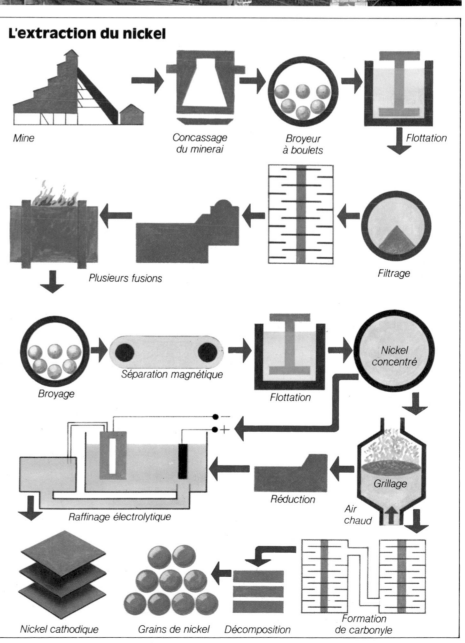

L'extraction du nickel

Mine — Concassage du minerai — Broyeur à boulets — Flottation

Plusieurs fusions — Filtrage

Broyage — Séparation magnétique — Flottation — Nickel concentré

Raffinage électrolytique — Réduction — Grillage — Air chaud

Nickel cathodique — Grains de nickel — Décomposition — Formation de carbonyle

Les méthodes d'affinage

Un four à arc électrique chargé de ferrailles.

Nous avons vu comment on extrait les métaux de leur minerai à l'aide de la chaleur (en les fondant), de l'électricité (par électrolyse) ou de produits chimiques. Or, la chaleur, l'électricité, et les produits chimiques peuvent également servir à purifier, ou affiner, les métaux impurs qui ont été produits.

La fabrication de l'acier

L'acier est produit en purifiant la fonte brute des hauts fourneaux, laquelle est chauffée dans différentes sortes de fours. La fonte brute en elle-même est trop impure pour être utilisable. Le carbone qu'il contient rend le fer très friable. Les méthodes d'affinage consistent alors à enlever une grande partie de ce carbone, mais non la totalité, car le fer pur est trop doux et fragile. Le fer contenant des traces de carbone (0,2 à 1,5 %), en revanche, est dur et solide. C'est l'alliage appelé acier.

Pour affiner la fonte brute, on utilise trois méthodes : l'oxygène pur, l'arc électrique et le procédé Siemens-Martin. Le four à oxygène est une grande cuve conique. On y verse de la fonte, des ferrailles et de la chaux, et on projette un jet d'oxygène sur le tout, brûlant ainsi le carbone. Les autres impuretés s'unissent à la chaux pour former du laitier. Le processus dure 40 minutes.

Dans le procédé Siemens-Martin, la fonte, les ferrailles et la chaux sont versés dans un four chauffé au gaz ou au mazout et alimenté en air chaud. Cette méthode est beaucoup plus longue et n'est plus guère utilisée.

L'affinage du plomb

Le principal minerai du plomb, la galène (sulfure de plomb), est tout d'abord grillé pour être transformé en oxyde, puis fondu dans un haut fourneau. Le plomb impur est alors affiné par électrolyse. La boue qui se forme autour de l'anode contient également des traces d'or et d'argent qui méritent d'être extraites.

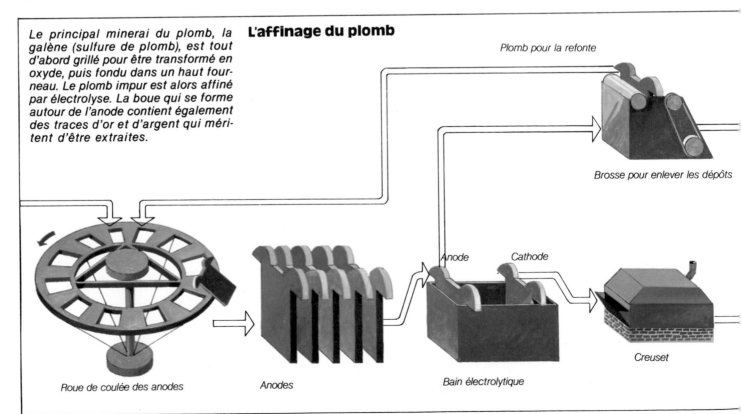

Plomb pour la refonte

Brosse pour enlever les dépôts

Anode   Cathode

Creuset

Roue de coulée des anodes   Anodes   Bain électrolytique

Refroidissement du métal fondu par des jets d'eau.

Bassin de clarification

Filtre centrifuge

Or

Bismuth

Argent

Antimoine

Creuset d'affinage

Roue de coulée pour plomb brut

Plomb brut

Dans le procédé d'affinage à l'arc électrique, la chaleur est produite par une étincelle géante qui saute du métal aux électrodes carboniques fixées au sommet du four. Ce procédé fournit un acier de meilleure qualité.

L'affinage électrolytique

On se sert de l'électrolyse pour affiner le cuivre, l'or, l'argent, le plomb et le nickel, souvent après un affinage thermique préalable. Le cuivre impur est mis en plaques qui forment les anodes dans un bain électrolytique. Les cathodes sont des plaques de cuivre pur. Pendant l'électrolyse, le cuivre pur se dépose progressivement sur les cathodes. Les impuretés forment de la boue sous les anodes.

31

Le façonnage à chaud

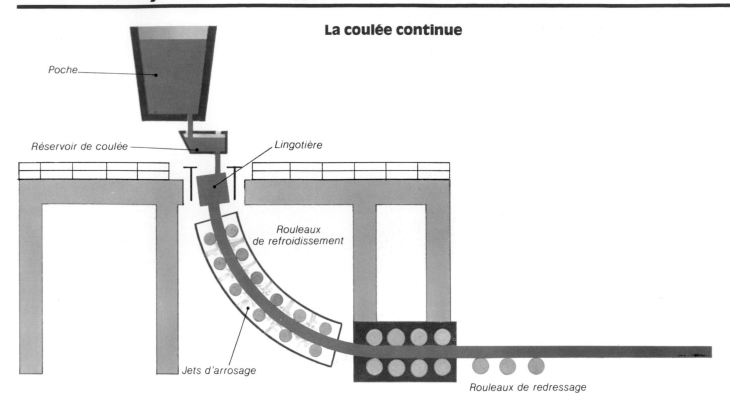

- Poche
- Réservoir de coulée
- Lingotière
- Rouleaux de refroidissement
- Jets d'arrosage
- Rouleaux de redressement

▲
La coulée continue produit des barres (brames) à partir de l'acier fondu. L'acier, coulé dans une lingotière refroidie à l'eau, forme une carapace solidifiée. Cette carapace est entraînée par des rouleaux et achève de se solidifier par aspersion d'eau. La barre ainsi obtenue est alors découpée en morceaux.

Certains métaux très malléables peuvent être travaillés à froid. D'autres métaux, trop durs et trop solides, sont difficilement façonnables à froid. Mais à chaud, ils deviennent plastiques et on peut alors les façonner par pression (laminage), martellement (forge), et extrusion (en les passant à travers une matrice).

Le moulage

De telles méthodes sont impraticables pour le bronze : il doit être moulé. Un métal moulé a une struc-

Tableau de J. Wright (1734-1797) représentant un forgeron traditionnel à l'œuvre.
▼

Le moule est réalisé en deux parties pour faciliter le démoulage. Le métal est versé dans le trou de coulée. L'air s'échappe par l'évent.
▼

Un moule en sable

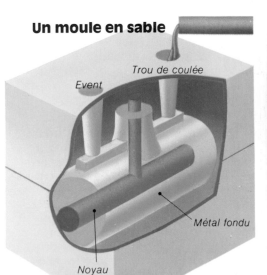

- Event
- Trou de coulée
- Métal fondu
- Noyau

ture différente de celle obtenue avec d'autres méthodes de façonnage. Le métal devient fragile, ce qui en limite l'usage. Les métaux laminés ou forgés sont plus solides et plus résistants.

Le moulage se fait dans une fonderie ; on utilise le plus souvent des moules en sable. Un modèle de l'objet est placé dans une boîte qu'on remplit d'un mélange humide de sable et d'argile. On perce deux trous : dans l'un, le trou de coulée, on verse le métal fondu, tandis que l'air s'échappe par le trou d'évent. Lorsque le métal est dur, on brise le moule pour en retirer le moulage.

Certaines fonderies utilisent des moules métalliques, ou matrices, qui servent plusieurs fois. Elles permettent une technique de moulage par injection qui sert pour la production en série, par exemple des jouets.

Le laminage et le forgeage

De nombreux métaux sont coulés directement après l'affinage, sur une machine à coulée continue, pour former des lingots ou des brames.

Ceux-ci, réchauffés, sont prêts pour le laminage ou le forgeage. Dans le laminage, on fait passer le métal entre de lourds rouleaux dont l'espacement décroît, de sorte que le métal devient progressivement plus fin, plus large et plus long. Selon le profil des rouleaux, on obtiendra de la tôle, des poutres ou des rails.

Dans le forgeage, les lingots incandescents sont martelés par des pilons. Dans les presses à marteau-pilon, le lit de la forge et le pilon forment chacun la moitié d'une matrice et le métal est ainsi mis en forme. Dans les presses à emboutir, le pilon applique une force progressive par pression hydraulique.

Trois stades de la fabrication d'une hélice : le moule construit autour d'une maquette de l'hélice en bois ; le bronze coulé dans le moule ; l'hélice terminée. ▶

Le coulage d'une hélice
1. Construction du moule.

2. Coulage du métal dans le moule.

Le façonnage à froid

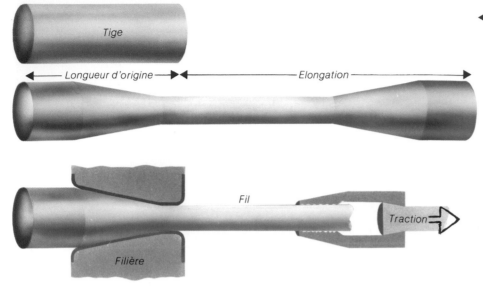

Les métaux ductiles peuvent être étirés en fils. En pratique, de telles réductions ne sont pas possibles en une seule fois.

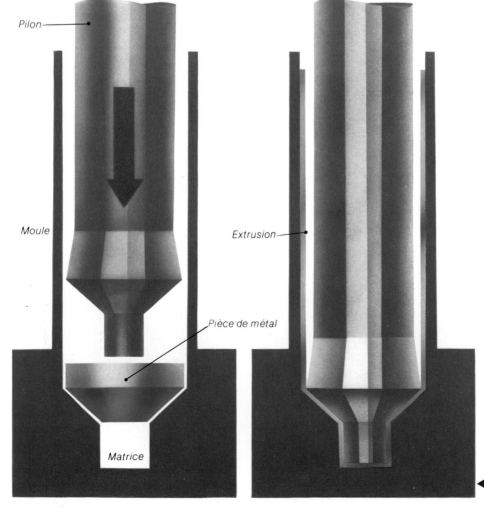

Le laminage permet aussi de traiter les métaux à froid. Les feuilles, bandes et plaques qui sortent des laminoirs à chaud sont laminées à froid ce qui permet de diminuer l'épaisseur, d'augmenter la dureté et d'améliorer l'aspect de la surface.

Avant de commencer le laminage à froid, le métal est lavé à l'acide pour en éliminer les oxydes. On fait ensuite passer la feuille entre plusieurs rouleaux, qui n'en réduisent que peu l'épaisseur, mais durcissent le métal (écrouissage). On réchauffe ensuite le métal, procédé qu'on nomme le recuit, et on le laisse refroidir lentement. Un dernier léger laminage à froid donne à la surface la dureté et le fini voulus.

Le laminage en cannelures est un cas particulier de laminage dont le but est de produire des fils qui serviront à alimenter des ateliers de tréfilage donnant des fils de plus faible diamètre. Le métal est introduit dans des laminoirs dont les cylindres comportent des gorges ou cannelures.

Le pressage et l'estampage.

De nombreuses feuilles d'acier provenant du laminage servent à la fabrication de carrosseries d'automobiles. On les emboutit dans des presses hydrauliques semblables à celles des forges.

On fabrique les boutons et les pièces de monnaie par une méthode d'estampage : on forme des flans de métal en les pressant entre deux matrices.

Un coup sec permet de fabriquer des tubes en alliages malléables, comme ceux utilisés pour le dentifrice. Cette méthode s'appelle l'extrusion par choc. Le métal est poussé par une presse à travers une filière présentant un profil donné.

On peut fabriquer des tubes en alliages de plomb ; un lingot est frappé par un pilon, l'impact fait couler le métal dans et hors de la matrice.

▲
Une presse à froid.

Une médaille est placée entre deux matrices avant d'être pressée.
▼

Le tréfilage

L'étirage, ou tréfilage permet, à partir de tiges métalliques, de fabriquer du fil. L'industrie électrique a besoin de grandes quantités de fils de cuivre ; les câbles, les ressorts et les grillages sont souvent en fils d'acier.

L'étirage se fait au moyen de filières dont le diamètre diminue progressivement, à travers lesquelles on force le métal, jusqu'à ce qu'il ait le diamètre désiré.

Les filières sont en carbure de tungstène très résistant. L'étirage des fils de cuivre est facile, celui-ci étant très ductile. L'acier, beaucoup plus résistant, doit être réduit très progressivement, et fréquemment recuit, sinon il devient trop fragile.

Assemblage et découpage

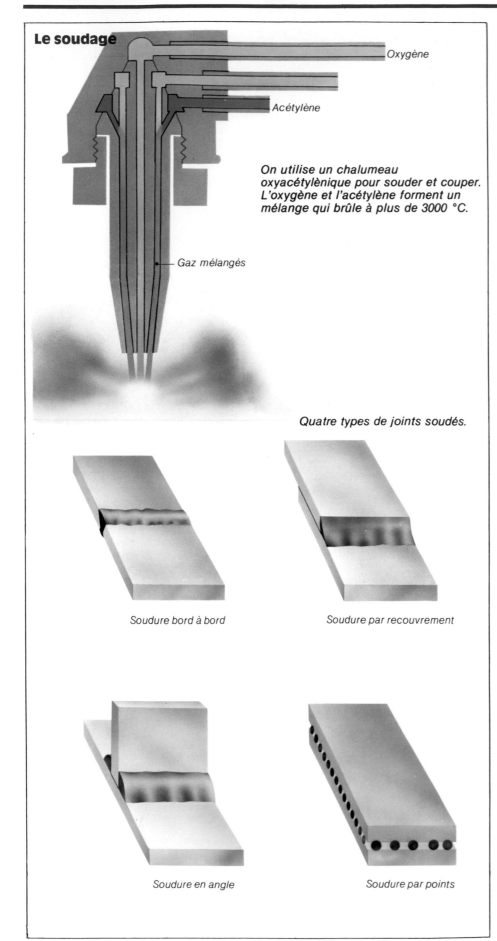

Le soudage

Oxygène

Acétylène

On utilise un chalumeau oxyacétylènique pour souder et couper. L'oxygène et l'acétylène forment un mélange qui brûle à plus de 3000 °C.

Gaz mélangés

Quatre types de joints soudés.

Soudure bord à bord

Soudure par recouvrement

Soudure en angle

Soudure par points

De nombreux objets en métal, dont certaines grosses pièces (comme les hélices des bateaux), peuvent être produits d'un bloc. Mais la plupart sont si complexes qu'ils doivent être construits pièce par pièce.

Parfois, les pièces peuvent être assemblées uniquement au moyen d'écrous et de boulons. Mais il arrive que les écrous jouent et, dans ce cas, il vaut mieux faire un assemblage plus solide, en rivetant par exemple.

Le rivetage

Le rivetage permet d'assembler de façon inamovible deux plaques superposées. On perce des trous dans les deux plaques et on y introduit des rivets. Un rivet est une broche métallique constituée par une tige cylindrique munie d'une tête à une extrémité, et dont l'autre extrémité est aplatie après la mise en place. Le rivetage est utilisé pour la construction de bateaux et d'avions.

Le soudage et le brasage

Le soudage permet l'assemblage de pièces sous l'action de la chaleur. Le soudage hétérogène et le brasage utilisent un alliage à faible point de fusion. Le soudage autogène assemble deux fragments d'un même métal par fusion partielle.

Pour le soudage hétérogène, on utilise un alliage de plomb, d'étain et d'antimoine, qui fond qu'à 200 °C. Cet alliage, la soudure, est appliqué aux joints métalliques au moyen d'un fer à souder.

Pour le brasage, on utilise du laiton. Le laiton fond à une température beaucoup plus élevé que la soudure — environ 850 °C — et forme un joint bien plus solide lorsqu'il refroidit. Un fil de laiton est fondu dans le joint par un chalumeau oxyacétylénique qui brûle un mélange d'oxygène et d'acétylène.

Le soudage autogène

Le chalumeau est également utilisé pour la soudure autogène dans laquelle les bords métalliques des pièces à souder sont d'abord chauffés au rouge. Ensuite ils fusionnent avec un métal de même nature, ajouté sous forme de fil et fondu. Le joint ainsi obtenu possède une structure interne continue très résistante.

Pour faire fusionner le métal et fondre le fil, on peut également utiliser un arc électrique — une étincelle

du métal

continue entre deux électrodes. Le soudage à l'arc électrique est beaucoup plus propre que le soudage au gaz, aucune flamme ne salissant le métal.

On se sert aussi de l'électricité dans la soudure par résistance, largement utilisée dans l'industrie automobile pour souder automatiquement des tôles d'acier. Les tôles se chevauchent et on fait passer un courant très puissant entre deux électrodes, chacune en contact avec une tôle. La résistance électrique du métal au niveau du joint fait chauffer et fondre celui-ci. On exerce en même temps une pression sur le joint.

On réalise ainsi soit une soudure par points, soit une soudure continue.

Ce laser au dioxyde de carbone n'a aucune difficulté à couper trois millimètres d'acier, beaucoup plus rapidement que les méthodes traditionnelles.

Plus de dix millions de rivets ont été utilisés dans la construction du Queen Mary, qui est maintenant transformé en hôtel à Long Beach, en Californie.

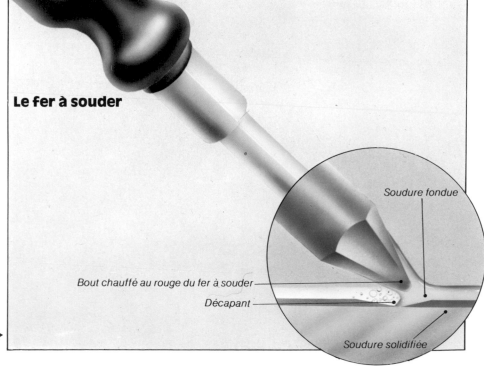

Le fer à souder

Soudure fondue

Bout chauffé au rouge du fer à souder

Décapant

Soudure solidifiée

Le bout du fer à souder, la panne, est en cuivre. Le décapant permet de nettoyer la surface du métal avant d'appliquer la soudure.

L'usinage du métal

Le tour

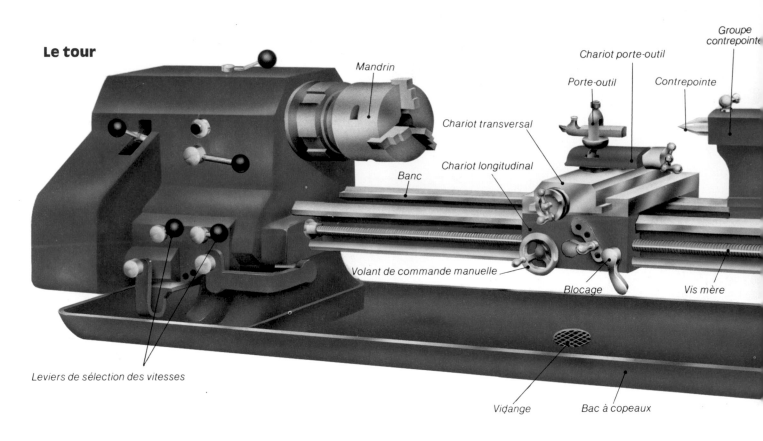

Mandrin

Groupe contrepointe

Chariot porte-outil

Porte-outil

Contrepointe

Chariot transversal

Banc

Chariot longitudinal

Volant de commande manuelle

Blocage

Vis mère

Leviers de sélection des vitesses

Vidange

Bac à copeaux

▲
Le tour est une des machines-outils les plus répandues. La pièce à usiner est maintenue dans le mandrin qui tourne, et soutenue par la contrepointe.

Ce tour automatique Herbert AL 40 est un des plus modernes sur le marché.
▼

Une pièce métallique forgée ou moulée a souvent besoin d'une finition pour parfaire sa forme. Par exemple, un moteur en fonte doit être percé pour recevoir des boulons, les cylindres alésés pour recevoir les pistons.

Les machines-outils

Les travaux de finition s'appellent l'usinage, et ils se font avec des machines-outils. Celles-ci jouent un rôle vital dans la fabrication en série, car elles sont très précises et produisent des pièces toujours identiques.

Les machines-outils peuvent toutes maintenir fermement la pièce à travailler. Elles peuvent contrôler les mouvements de la pièce ou de l'outil, ou des deux. Elles ont des moteurs puissants leur permettant de couper le métal, qui est travaillé à froid.

Les procédés de coupe

Les outils coupants doivent être très durs et acérés. On utilise pour ces outils des aciers au tungstène ou au chrome, qui restent solides et tranchants.

Pour beaucoup de travaux, une émulsion d'huile et d'eau est dirigée

Blocage

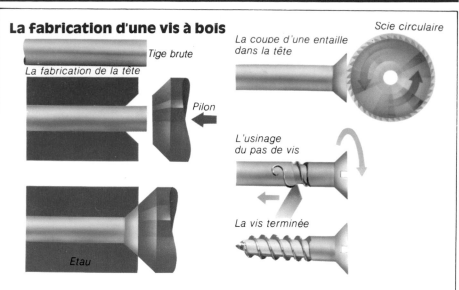

La fabrication d'une vis à bois

Tige brute

La fabrication de la tête

Pilon

Etau

Scie circulaire

La coupe d'une entaille dans la tête

L'usinage du pas de vis

La vis terminée

La plupart des vis vis à bois sont faites d'une tige d'acier. On forme la tête avec un pilon, on l'entaille, puis on fait tourner la tige dans un mandrin pour usiner le pas de vis.

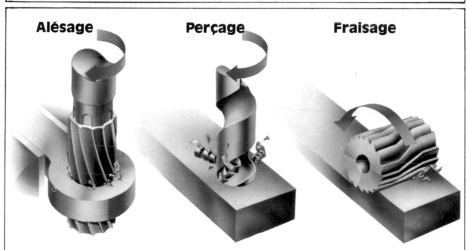

Alésage   Perçage   Fraisage

Trois modes d'usinage. Le perçage utilise un foret qui coupe à son extrémité. L'alésage utilise un outil à lames parallèles qui coupent sur les côtés, et permet la finition d'un trou. Le fraisage utilise un outil portant des dents tranchantes, pour creuser ou entailler.

vers la pièce, comme vers l'outil, pour les lubrifier et les refroidir.

La plus courante des machines-outils est le tour. On s'en sert pour la fabrication de pistons et de cylindres.

Une autre machine courante est la perceuse. On perce en abaissant verticalement un foret dans la pièce usinée. Le foret ne coupe qu'à son extrémité, des sillons en spirale servent à l'évacuation des débris. L'alésage permet d'agrandir un trou déjà percé.

Le fraisage se fait au moyen d'une roue portant des dents tranchantes ; l'outil est animé d'un mouvement rotatif, tandis que la pièce travaillée se déplace sous lui. Quant au meulage, il se fait au moyen d'une roue abrasive qui enlève graduellement le métal.

L'automatisation

Les machines-outils ordinaires requièrent un opérateur humain qui les met en route, sélectionne l'outil et la vitesse et positionne la pièce. De nouvelles machines, entièrement automatiques, n'ont plus besoin que d'être branchées, elle suivent alors des instructions codées, fournies par une bande magnétique.

Les angles de coupe

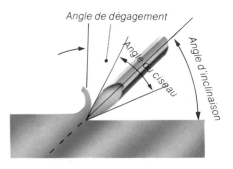

Angle de dégagement

Angle du ciseau

Angle d'inclinaison

Pour faire des coupes propres, les outils doivent être taillés avec des angles corrects.

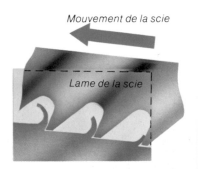

Mouvement de la scie

Lame de la scie

Les métaux

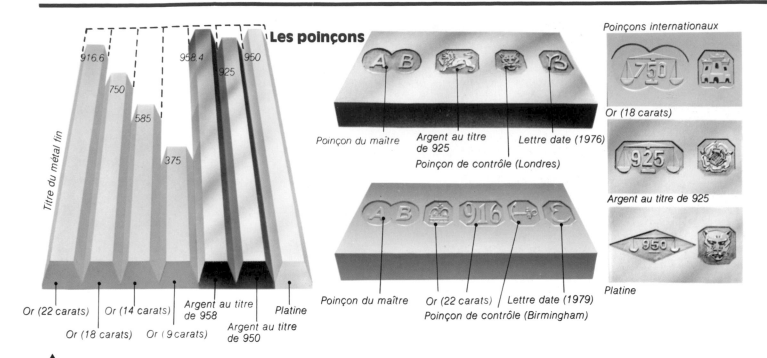

Les poinçons

Titre du métal fin

916.6
750
585
375
958.4
925
950

Or (22 carats) Or (14 carats) Argent au titre de 958 Platine
Or (18 carats) Or (9 carats) Argent au titre de 950

Poinçon du maître   Argent au titre de 925   Lettre date (1976)
Poinçon de contrôle (Londres)

Poinçon du maître   Or (22 carats)   Lettre date (1979)
Poinçon de contrôle (Birmingham)

Poinçons internationaux

Or (18 carats)

Argent au titre de 925

Platine

▲

Les poinçons sont des marques apposées aux pièces d'orfèvrerie pour en contrôler le titre, comme signature du maître orfèvre, ou comme garantie. Le titre d'un alliage est le rapport de la masse du métal fin contenu dans l'alliage à la masse totale ; l'or au titre de 750 est un alliage contenant 75 % d'or. Le carat est une partie d'or fin représentant un vingt-quatrième de la masse totale d'un alliage. L'or au titre de 750 est un or de 18 carats $(0,75 \times 24 = 18)$.

dans la décoration

Les métaux sont utilisés à des fins artistiques et décoratives depuis plus de 7 000 ans. Les tout premiers artisans travaillaient les métaux natifs : le cuivre, l'or et l'argent. Ce sont ces mêmes métaux dont on se sert aujourd'hui, et pour les mêmes raisons. Ils sont beaux, résistants, et faciles à travailler. Le premier alliage, le bronze, ne peut pas être façonné aussi aisément car il est trop fragile, mais en revanche, il peut être facilement moulé.

D'autres alliages, comme le laiton ou le potin, qui ont les mêmes propriétés, sont également utilisés depuis très longtemps pour faire des objets décoratifs. Le fer aussi a été fondu pour l'ornementation mais plutôt à des fins architecturales.

Les techniques

Les techniques de martelage comprennent le forgeage et l'estampage. Le premier est utilisé pour mettre en forme, au moyen du feu et d'un marteau, un métal chaud et encore malléable. C'est le travail traditionnel du forgeron. L'estampage, ou bosselage, employé pour les métaux plus doux, sert à produire des bas-reliefs. La pièce de métal est battue sur son envers, de façon que le relief apparaisse sur l'endroit. Cette technique est également appelée le repoussé.

Mais il existe d'autres méthodes. Des dessins peuvent être ciselés à l'aide d'un marteau et d'une sorte de ciseau. Ils peuvent également être gravés. Certains métaux sont gravés à l'acide. Ils sont tout d'abord enduits d'une couche de cire dans laquelle une esquisse est grattée. Ils sont alors plongés dans un acide qui attaque et dissout le métal exposé par le grattage.

L'émaillage et la dorure sont également des techniques décoratives. Dans l'émaillage, les creux pratiqués dans la surface du métal sont remplis de vernis vitreux colorés. Dans la dorure, on utilise l'extrême malléabilité de l'or pour faire de très fines feuilles (jusqu'à 0,000 001 mm d'épaisseur). On applique alors la feuille d'or sur un autre métal, du plâtre, du verre ou même du bois.

▲
L'argent est facile à travailler à la main grâce à sa malléabilité et à sa ductilité.

Le quartier français de la Nouvelle-Orléans. Balcons décoratifs en fer datant du XIXᵉ siècle.
▼

◄ *Cette pièce d'orfèvrerie, nommée Extase, a été conçue par Jacqueline Mina. Elle est en or de 18 carats et en cristal de roche dépoli, incrustée de diamant et de tourmalines.*

41

Le futur

Les avions à réaction modernes exigent des matériaux de haute performance. Pour leur moteur, on utilise des alliages contenant du nickel, du chrome, du titane, et du tungstène.
▼

Les gisements de minerais d'où nous tirons nos métaux se sont formés depuis des centaines de millions d'années. On les croyait trop riches pour jamais s'épuiser, mais nous savons maintenant que d'ici à quelques décennies, il y aura une pénurie de nombreux métaux nécessaires à notre civilisation, dont l'or, l'argent, le cuivre, l'uranium, le platine, le tungstène et le plomb. Heureusement, nous avons encore des réserves pour plusieurs siècles de nos deux métaux principaux : le fer et l'aluminium.

La prospection

Pour retarder le jour fatidique où les métaux viendront à manquer, les géologues cherchent énergiquement de nouveaux gisements minéraux. Ils explorent la Terre au moyen de photographies par satellites. Ils sondent et draguent l'océan pour trouver des métaux au large.

En fait, c'est sur le fond de la mer (et non dans la mer) qu'ils ont trouvé ce qui pourrait être une réponse à bien des problèmes de réserves des métaux. En effet, les profondeurs de l'océan recèlent des blocs, ou nodules, riches en manganèse, cuivre, nickel, cobalt et autres métaux. De plus,

Pour les fusées, il est essentiel d'utiliser des métaux supportant de grands écarts de températures.
◄

▲
Pour une soudure précise et propre, on peut utiliser des faisceaux électroniques.

ils se forment au rythme où nous les utilisons. Ces nodules seront difficiles à exploiter, mais plusieurs méthodes mises sur pied semblent déjà prometteuses.

Les alternatives

Le recyclage des métaux est une parade intéressante aux pénuries futures. Recycler signifie ré-utiliser, en le refondant, le même métal au lieu de le jeter. C'est une méthode déjà fort répandue, surtout pour les métaux précieux. Mais demain, ce sera la règle d'or pour tous les métaux. Une autre façon de résoudre le problème serait de trouver des matériaux de remplacement. En cela, le plastique s'avère souvent efficace. Les carrosseries des voitures ainsi que les coques des bateaux sont souvent en fibre de verre, solide, résistante et qui présente l'avantage, à l'encontre du métal qu'elle remplace, de ne pas se rouiller. Pour les structures des avions, on utilise un autre matériau, extrêmement résistant aussi, à base de fibres de carbone.

L'ère spatiale

Certains prétendent que l'on sondera bientôt la Lune pour ses métaux ; non pour les exploiter sur la Terre, mais pour créer des stations spatiales. Il est même question, dans un avenir proche, de fondre et de fabriquer des métaux dans l'espace. Dans le vide et à une gravité nulle, les métaux peuvent être plus purs et plus résistants, tout comme l'ont démontré les astronautes de Skylab en 1973.

Dans l'espace, on peut faire des cristaux métalliques parfaits qui serviront de renfort à d'autres métaux.

La technologie de demain exigera

▲
Machine créée par la NASA, fabriquant des poutrelles d'aluminium triangulaires à partir de rouleaux de feuilles de métal.

L'extraction de l'aluminium, nécessitant de grandes quantités d'électricité, devient de plus en plus coûteuse. Recycler l'aluminium, c'est aussi économiser l'énergie.
▼

des super-métaux, ainsi que de nouvelles méthodes de fabrication qui donneront un produit plus pur et plus précis.

Parmi ces méthodes, on trouvera la soudure par faisceaux électroniques, le découpage au laser et l'usinage électrochimique, qui toutes ont déjà dépassé le stade de la simple expérimentation.

Les métaux de A à Z

Acier : Fer allié à une faible quantité de carbone.

Acier doux : Acier à très faible teneur en carbone (0,2 %).

Acier inoxydable : Acier contenant du chrome.

Acier rapide : Acier très dur contenant du tungstène, du chrome, du vanadium et du molybdène, employé pour la fabrication des outils.

Alcalino-terreux (métaux) : Métaux fortement basiques qui comprennent le calcium, le baryum, le strontium et le radium.

Alcalins (métaux) : Métaux très oxydables, comme le sodium et le potassium.

Alpax : Alliage d'aluminium et de silicium qui se moule très facilement.

Alumine : Oxyde d'aluminium.

Aluminium (Al) : Métal léger, malléable, bon conducteur d'électricité, très abondant dans la nature. Minerai principal : la bauxite,

Amalgame : Alliage du mercure avec un autre métal.

Antifrictions : Alliages d'étain, de plomb et d'antimoine dont on constitue les coussinets des paliers de machine pour réduire le frottement.

Antimoine (Sb) : Métal friable qui augmente la dureté des métaux auxquels on l'associe. Minerai principal : la stibine.

Argent (Ag) : Métal inaltérable et très ductile. Minerai principal : l'argentite (ou argylose).

Baryum (Ba) : Métal mou et lourd. Minerai principal : la baryte.

Bauxite : Minerai d'aluminium.

Béryllium (Be) : Métal dur et léger, utilisé dans l'aéronautique.

Bismuth (Bi) : Métal très cassant, formant des alliages fusibles.

Blende : Minerai de zinc (sulfure).

Bronze : Alliage de cuivre et d'étain.

Bronze d'aluminium : Alliage de cuivre et d'aluminium.

Cadmium (Cd) : Métal ductile et malléable, utilisé pour la protection des métaux.

Castine : Pierre calcaire que l'on mélange au minerai de fer pour en faciliter la fusion.

Calcium (Ca) : Métal mou peu utilisé sous forme métallique.

Carbonyle (métal) : Composé d'un métal avec l'oxyde de carbone.

Cassitérite : Minerai d'étain (oxyde).

Catalyseur : Substance qui accélère une réaction chimique.

Cémentation : Traitement qui permet de modifier la composition d'un acier, en lui incorporant du carbone, sous l'action d'une forte température.

Césium (Cs) : Métal mou utilisé dans les horloges atomiques.

Chalcosine : Minerai de cuivre (sulfure).

Chrome (Cr) : Métal brillant et dur, utilisé pour obtenir l'acier inoxydable et pour recouvrir des métaux (chromage). Minerai principal : la chromite.

Cobalt (Co) : Métal dur utilisé dans des alliages magnétiques.

Coke : Résidu solide de la carbonisation de la houille et servant au chauffage des hauts fourneaux.

Conductibilité : Propriété des corps de transmettre la chaleur ou l'électricité. Ordre de conductibilité décroissante : argent, cuivre, or, aluminium, zinc, plomb.

Convertisseur : Cornue où l'on transforme la fonte en acier par oxydation du carbone. Convertisseurs Bessemer, Thomas.

Coulage : Action de couler un métal en fusion.

Cuivre (Cu) : Métal rouge, très malléable et ductile, bon conducteur. Se trouve sous forme native ou dans de nombreux minerais : chalcosine, chalcopyrite, malachite.

Cupro-nickel : Alliage de cuivre et de nickel utilisé pour la fabrication des pièces de monnaie.

Cyanuration : Extraction d'un métal (or, argent) par dissolution dans une solution de cyanure de potassium (pour l'or) ou de cyanure de sodium (pour l'argent), puis réduction du produit avec du zinc et filtrage.

Ductilité : Propriété d'un métal de pouvoir être allongé, étiré en fil.

Duralumin : Alliage léger et résistant d'aluminium et de cuivre.

Dureté : Résistance qu'offre un métal quand on veut l'entamer ou le rayer. Ordre de dureté décroissante : chrome, fer, nickel, platine, cuivre, or, argent, plomb.

Élasticité (limite d') : Limite au-delà de laquelle le métal reste déformé.

Électrolyse : Décomposition chimique de certaines substances en fusion ou en solution, obtenue par le passage d'un courant électrique.

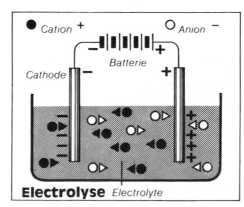

Électrolyse *Électrolyte*

Emboutissage : Opération consistant à marteler, à chaud ou à froid, une pièce ou une plaque de métal pour lui donner une forme déterminée.

Enrichissement : Traitement d'un minerai avant la fonte pour en augmenter l'un des constituants.

Étain (Sn) : Métal grisâtre très malléable, résistant à la corrosion. Minerai principal : la cassitérite.

Étamage : Opération par laquelle on recouvre un métal d'une couche d'étain.

Fatigue : Déformation subie par une pièce métallique sous des efforts excessifs.

Fer (Fe) : Métal ductile, malléable et magnétique. Principaux minerais de fer : hématite, magnétite, limonite.

Fer-blanc : Tôle de fer recouverte d'une couche d'étain pour la protéger de la rouille.

Filière : Instrument servant à produire des fils.

Flottation : méthode d'enrichissement utilisant la tension superficielle de bains moussants pour séparer les minerais de leur gangue.

Fonte : Alliage de fer et de carbone obtenu dans les hauts fourneaux. Les fontes grises (3,5 à 6 % de carbone) sont relativement faciles à usiner ; les fontes blanches (2,5 à 3,5 % de carbone) sont destinées à la fabrication du fer et de l'acier.

Forgeage : Action de travailler un métal à chaud, sur l'enclume et au marteau ou à la presse.

Galène : Minerai de plomb (sulfure).

Gallium (Ga) : Métal tendre ressemblant à l'aluminium.

Galvanisation : Fixation d'un dépôt électrolytique sur un métal pour le protéger de la corrosion.

Gangue : Roche ou terre qui entoure un minerai.

Germanium (Ge) : Métal utilisé dans la fabrication des transistors.

Graphite : Variété de carbone presque pur.

Hafnium (Hf) : Métal rare ressemblant au titane, utilisé dans les réacteurs nucléaires.

Hématite : Minerai de fer le plus répandu.

Indium (In) : Métal mou et ductile, ressemblant au zinc.

Invar : Acier au nickel dont la dilatation sous l'action de la chaleur est très faible.

Laitier : Matière vitreuse qui se forme à la surface des métaux en fusion et qui provient de la gangue des minerais.

Laiton : Alliage de cuivre et de zinc appelé aussi cuivre jaune.

Limonite : Minerai de fer.
Lithium (Li) : Le plus léger des métaux.

Magnésium (Mg) : Métal léger, ductile et malléable, qui brûle à l'air avec une flamme éblouissante. On l'utilise pour les flashes en photographie, et dans les alliages destinés à l'aéronautique.
Magnétite : Minerai de fer.
Maillechort : Alliage de cuivre, de zinc et de nickel qui imite l'argent.
Malachite : Minerai de cuivre.
Malléabilité : Propriété que possède un métal de pouvoir être réduit en feuilles. Ordre de malléabilité décroissante : or, argent, aluminium, cuivre, étain, platine, plomb, zinc, fer.
Manganèse (Mn) : Métal dur et cassant utilisé pour durcir les aciers.
Matrice : Moule métallique, en creux ou en relief, servant à reproduire des objets.
Mercure (Hg) : Métal, liquide à la température ordinaire. Minerai principal : cinabre.
Métalloïde : Corps simple non métallique qui a des propriétés métalliques, mais aussi des propriétés opposées. Les métalloïdes sont : le fluor, le chlore, le brome, l'iode, l'oxygène, le soufre, le sélénium, le tellure, l'azote, le phosphore, l'arsenic, le carbone, le silicium, le bore.
Molybdène (Mo) : Métal dur utilisé pour certains aciers.

Natif : Se dit de certains métaux que l'on trouve naturellement non combinés : or, argent, cuivre.
Nickel (Ni) : Métal malléable et ductile, inaltérable à la température ordinaire.
Niobium (Nb) : Métal rare, fondant à une température élevée (2 470 °C), utilisé dans les moteurs à réaction et les fusées.
Nitruration : Durcissement superficiel de l'acier par formation de nitrure de fer (composé d'azote et de fer).

Or (Au) : Métal précieux, très ductile et malléable, inattaquable à l'air et à l'eau. Se trouve à l'état natif.
Osmium (Os) : Métal dur. Le plus lourd des métaux.
Oxydation : Combinaison avec l'oxygène pour donner un oxyde : oxyde de fer (rouille), oxyde de cuivre (vert-de-gris).

Permalloy : Alliage de nickel et de fer d'une grande perméabilité magnétique (qui se laisse traverser par un flux magnétique).
Platine (Pt) : Métal précieux utilisé en orfèvrerie et comme catalyseur dans l'industrie chimique.
Plomb (Pb) : Métal mou, lourd et facilement fusible. Principal minerai : la galène.
Potassium (K) : Métal mou et très oxydable.

Radium (Ra) : Métal radioactif de la famille de l'uranium.
Recuit : Traitement thermique destiné à améliorer les qualités mécaniques d'un métal. Le métal est chauffé à haute température et refroidi lentement.
Réduction : Elimination de l'oxygène dans un composé.
Réfractaire : Se dit des matériaux qui résistent à de très hautes températures.
Revenu : Traitement thermique de l'acier trempé pour en diminuer la fragilité. Après la trempe, l'acier est réchauffé et refroidit lentement.
Rhénium (Re) : Métal rare, parmi les plus lourds et les plus réfractaires.
Rubidium (Rb) : Métal mou ressemblant au potassium.

Sodium (Na) : Métal très mou qui se ternit à l'air et réagit violemment avec l'eau, avec formation de soude et dégagement d'hydrogène.
Soudure : Alliage fusible servant à souder les métaux. Soudure à l'étain, soudure au cuivre.
Strontium (Sr) : Métal mou comme le plomb.

Tantale (Ta) : Métal très réfractaire.
Ténacité : Résistance d'un métal à la rupture par traction. Ordre de ténacité décroissante : fer, cuivre, platine, argent, or, zinc, étain, plomb.
Thallium (Tl) : Métal très malléable et plus mou que le plomb. Les alliages thallium-plomb ont un point de fusion élevé.
Titane (Ti) : Métal léger, résistant à la corrosion, utilisé en aéronautique.
Tréfilage : Opération qui consiste à étirer un métal au travers des trous d'une filière pour obtenir des fils.
Trempe : Traitement thermique d'un métal qui consiste à le refroidir brusquement dans un bain après l'avoir porté à une température élevée. Après la trempe, l'acier devient plus dur, par contre le bronze et les aciers inoxydables s'adoucissent.
Tungstène (W) : Métal dont la température de fusion est la plus élevée (3 482 °C), utilisé pour les filaments des lampes. Les aciers au tungstène servent à la fabrication d'outils de coupe.

Uranium (U) : Métal radioactif utilisé dans les piles atomiques.

Vanadium (V) : Métal rare utilisé pour augmenter l'élasticité et la dureté des aciers.

Zinc (Zn) : Métal peu tenace, résistant à la corrosion, utilisé pour recouvrir les toitures et dans de nombreux alliages (laiton, maillechort). Minerai principal : la blende.
Zirconium (Zn) : Métal qui se rapproche du titane, utilisé dans certains alliages inoxydables.

Points de repère

Dates importantes dans l'histoire des métaux

Jusqu'en 4000 avant notre ère : le cuivre, l'or, le fer des météorites sont battus en ornements et en outils.

Vers 4000 avant notre ère : le cuivre est fondu et moulé. On utilise l'argent natif.

3500 avant notre ère : des minerais mêlés de cuivre et d'étain sont fondus en Mésopotamie pour produire du bronze.

3000 avant notre ère : le procédé de la cire perdue apparaît. On fond l'étain. On fait des soudures.

1500 avant notre ère : les Hittites fondent le fer en Anatolie.

1000 avant notre ère : on produit de l'acier en réchauffant du fer spongieux au contact du charbon de bois et en le trempant dans de l'eau.

600 avant notre ère : les Chinois produisent du fer qui peut être coulé. La fonte est rendue possible par la forte teneur en phosphore du minerai.

200 avant notre ère : les Romains instaurent une florissante industrie du laiton.

100 avant notre ère : le mercure est distillé de ses minerais. On utilise l'amalgame pour extraire l'or de ses minerais.

0-700 : les alchimistes, en essayant de transformer les métaux de base en or, établissent les fondements de la chimie et de la métallurgie moderne.

Vers 700 : en Catalogne, les fondeurs de fer développent un fourneau plus chaud, appelé maintenant la forge catalane.

1300 : le haut fourneau fait son apparition en Europe. Il absorbe plus de carbone, ce qui permet de réduire la température de fusion.

1600 : le placage de l'étain fait son apparition en Bohème.

1709 : l'Anglais A. Darby introduit le coke pour la fonte du fer, en remplacement du charbon de bois devenu rare en Angleterre.

1740 : l'horloger anglais B.Huntsman invente un nouveau procédé pour faire de l'acier. Le métallurgiste anglais W. Champion développe la fonte du zinc.

1779 : A. Darby, petit-fils du précédent, construit le premier pont en fonte. D'une envergure de 43 m, il a été en usage jusqu'en 1950.

1784 : l'Anglais H. Cort développe un procédé pour transformer la fonte brute en fer forgé.

1807 : le chimiste anglais H. Davy développe l'électrolyse pour isoler les métaux de leurs composants en fusion. Il isole le sodium, le potassium, le calcium, le magnésium, le baryum.

1825 : le savant danois H.C. OErsted découvre l'aluminium.

1828 : l'ingénieur écossais J. Neilson utilise un four à air chaud dans le haut fourneau, et réduit ainsi la consommation de combustible.

1839 : l'inventeur américain I. Babbitt développe le métal du même nom. L'ingénieur anglais J. Nasmyth invente le marteau-pilon.

1856 : l'inventeur anglais H. Bessemer introduit son procédé de conversion pour produire de l'acier meilleur marché.

1864 : les sidérurgistes français Pierre et Emile Martin construisent le premier four Martin, qui intègre le préchauffage inventé par les frères Siemens, d'où l'appellation : four Siemens-Martin.

1876 : les métallurgistes anglais Sydney et Percey Gilchrist utilisent, dans les fours Martin, un revêtement permettant de fondre de la fonte brute très riche en phosphore.

1883 : le métallurgiste anglais R. Hadfield découvre un acier au manganèse, résistant et dur.

1886 : C. Hall aux Etats-Unis et Paul Héroult en France développent simultanément l'électrolyse de l'aluminium.

1896 : le physicien suisse C. Gaullaume invente l'invar.

1899 : P. Héroult fabrique de l'acier dans un four à arc électrique.

1900 : F. Taylor aux Etats-Unis introduit des outils coupants ultra-rapides en acier au tungstène et au chrome.

1909 : A. Wilm en Allemagne découvre le phénomène du durcissement pour les alliages d'aluminium.

1913 : H. Brearley en Grande-Bretagne découvre l'acier inoxydable. Krupp en Allemagne introduit un acier contenant 18 parts de chrome et 8 de nickel — l'acier inoxydable appelé 18/8.

1949 : le procédé de fabrication de l'acier par oxygène pur est développé en Autriche.

1950 : la coulée continue de l'acier commence à grande échelle.

Les métaux au superlatif

Le plus léger : le lithium a une masse volumique de 530 kg/m³ - à peu près la moitié de celle de l'eau.

Le plus lourd : l'osmium a une masse volumique de 22500 kg/m³ — deux fois plus lourd que le plomb.

La température de fusion la plus basse : le mercure fond à — 39,9 °C. Parmi les métaux solides à la température ambiante, le césium a la température de fusion la plus basse, 28,6 °C.

La température de fusion la plus haute : le tungstène fond à 3380 °C.

Les plus courants : l'aluminium représente 8 % de l'écorce terrestre. Le fer, qui en constitue 5 %, est probablement le plus courant s'il est vrai qu'il forme la plus grande partie du noyau terrestre.

Le plus rare : l'astate. C'est un élément radioactif formé par la désintégration naturelle de l'uranium. On n'en trouve jamais plus d'un tiers de gramme à la fois dans l'écorce terrestre.

Le plus ductile : l'or, peut être étiré en un fil très fin de plus de 2000 km.

Le plus malléable : l'or. 1 kg d'or peut former une feuille presque transparente de 1000 m².

Le plus toxique : le plutonium. Moins d'un millionième de gramme suffit, s'il est avalé ou inhalé, à provoquer un cancer. Il demeure mortel pendant des dizaines de milliers d'années.

Index

Traduction
Jonathan Gontar

Dessinateurs
Keith Duran, John Flynn, Tony Gibbons,
Brian Watson.

Photographes
Anglo-American Corporation of
  South Africa Limited : 22.
Aspect Picture Library : 41 en haut.
Paul Brierley : 13, 37 gauche.
British Aerospace : 42 en haut.
British Leyland : 17 en haut.
British Steel Corporation : 26, 30
  31, 35 en haut.
City of Bristol Museum and Art
  Gallery : 10.
Central Office of Information/Royal
  Mint : 35 en bas.
Cooper-Bridgeman Library : 32
David Cripp/Jacqueline Mina : 40.
Daily Telegraph Colour Library :
  41 en bas.
Douglas Dickens : 23 en bas.
Robert Harding Picture Library :
  11, 23 en haut.
Alfred Herbert Ltd : 38.
Angelo Hornak : 15.
Institute of Oceanographic
  Sciences : 45.
Robin Kerrod : 16, 37 droite, 42 en bas,
  43 milieu et bas.
The Mining Journal Ltd : 44.
Rex Features : 27.
Spectrum Colour Library : 17 en bas.
Tony Stone Associates : couverture.
John Topham Picture Library : 2-3, 33.
UBE Chemical Industries : 29.
UKAEA : 19, 43 en haut.
Janine Wiedel : 45.
ZEFA : 9.

Nous remercions M. VITOUX, du Palais de la
Découverte, qui a bien voulu relire ce texte.